LA HISTORIA DEL MATRIMONIO

Cómo ser felices para siempre

JOHN & LISA BEVERE

WHITAKER
HOUSE
Español

Traducción al español por:
Belmonte Traductores
Manuel de Falla, 2
28300 Aranjuez
Madrid, ESPAÑA
www.belmontetraductores.com

Editado por: Ofelia Pérez

La Historia del Matrimonio
Cómo ser felices para siempre
ISBN: 9781629118796
E-book ISBN: 9781629118802
Impreso en los Estados Unidos de América
©2017 por John y Lisa Bevere

Este libro fue publicado originalmente en inglés
por Messenger International, Inc., bajo el título
The Story of Marriage
PO Box 888, Palmer Lake, CO 80133.
MessengerInternational.org.

Whitaker House
1030 Hunt Valley Circle
New Kensington, PA 15068
www.whitakerhouseespanol.com

1 2 3 4 5 6 7 8 9 10 11 ᴟ 22 21 20 19 18 17

Reconocimientos

A nuestros hijos, sus esposas y nuestros nietos: de muchas maneras ustedes son las razones por las que se escribió la historia de nuestro matrimonio. Nos gozamos al verles crecer y amarse tan bien unos a otros.

Valiente Addison, solo la eternidad medirá tu aportación de manera precisa. Decir que no podríamos haber hecho esto sin ti se queda corto. Gracias por perseverar y fundir nuestras palabras con la sabiduría bíblica para crear algo que tocará muchas vidas.

Querida y sabia Jaylynn, tu encantadora actitud y excelente diligencia han tejido muy bien La Historia del Matrimonio. Que todo lo que has sembrado en este terreno alcance tu vida.

A Vincent y Allison, gracias por todo lo que han hecho para ayudarnos a crear los devocionales. Su trabajo ha enriquecido y agrandado este libro.

A los miembros del equipo y colaboradores de Messenger International, gracias por apoyarnos. No podríamos haber pedido a Dios unos amigos más leales y verdaderos para viajar con nosotros para alcanzar a las naciones del mundo con el glorioso evangelio de Jesucristo.

Por encima de todo, gracias a ti, Dios Padre, por tu amor infalible; y a Jesús nuestro Rey, por dar tu preciosa vida; y a ti, Espíritu Santo, por tu maravilloso poder, consuelo, enseñanza e íntima comunión. Gracias por no dejarnos ni desampararnos nunca.

Contenido

SERIE MESSENGER

MSeries.tv

Este libro es parte del estudio de la Serie Messenger sobre *La Historia del Matrimonio*.

Recibe un 10% de descuento con la compra del temario completo o las sesiones de audio/video. * Visita MSerie.tv, y usa el código de promoción S4MCDL al pagar.

*Válido tanto para recursos físicos como digitales.

Acerca de Este Libro Interactivo

Este libro se puede leer de principio a fin, como cualquier otro libro. No obstante, te animamos a explorar los elementos interactivos opcionales para una experiencia más personalizada.

Cada capítulo de este libro está dividido en cinco lecturas diarias sugeridas, con sus correspondientes devocionales al final del capítulo. Puedes escoger terminar una lectura y un devocional al día, o puedes adaptar estos elementos según tus gustos. Sugerimos que quienes estén participando en un grupo de estudio completen la lectura y los devocionales de un capítulo por semana.

Si estás leyendo este libro como parte del estudio de la Serie Messenger sobre *La Historia del Matrimonio*, te recomendamos que veas o escuches la sesión de enseñanza de cada semana, y respondan a las preguntas de discusión como grupo. Después, lee el capítulo del libro y completa los devocionales. Hay una sesión de enseñanza en cada capítulo de este libro. Las preguntas de discusión de cada capítulo están situadas después de los devocionales diarios.

¡Disfruta!

Introducción

Quizá te preguntes: "¿Por qué otro mensaje sobre el matrimonio?". Esa fue también nuestra primera reacción.

Hay tres razones por las que escribimos este libro. En primer lugar, sentimos que Dios nos guiaba a hacerlo. En segundo lugar, nuestros hijos y nuestro equipo de trabajo nos lo pidieron. Y finalmente, muchos de ustedes también lo solicitaron.

Sentimos que había una gran cantidad de buen material sobre el matrimonio en el mercado, y de gran parte de ese material nos hemos beneficiado nosotros mismos. Sin embargo, cuando lo miramos con más detenimiento, observamos que había una brecha. Descubrimos que muchos de esos materiales estaban escritos predominantemente desde el punto de vista de un cónyuge o del otro. Un gran matrimonio es el producto de una gran asociación, así que creemos que hay valor en poder compartir juntos sobre este tema.

También sabemos que cada historia es distinta, la nuestra incluida. Los dos somos, digámoslo así, individuos *de convicciones férreas*. Llevamos casados más de tres décadas, y durante ese tiempo hemos afrontado desafíos únicos. Nos dimos cuenta de que debido a que nuestras experiencias eran únicas, nuestra perspectiva también lo sería.

Además, queríamos animar a hombres y mujeres a ver que el matrimonio no es un molde que los encierra. Creemos que cada uno tiene la licencia creativa para diseñar su matrimonio como mejor encaje con sus necesidades individuales y su propósito divino. Esperamos que este libro te ayude a descubrir y escribir tu historia única.

Para Quién Es Este Libro

Este libro es para aquellos que se están preparando para el matrimonio, para los que ya están casados, y para cualquiera que quiera tener un mejor entendimiento del matrimonio.

Como vivimos en una época en la que hay tanto divorcio y distorsión, muchos tienen miedo incluso a comenzar su historia. Lo que tú has visto no tiene por qué definir lo que tienes por delante en tu camino.

Después están los que se sienten atrapados en medio de un capítulo que no les gusta. No queremos que cierres el libro sobre tu matrimonio. Queremos ayudarte a pasar la página.

Hay también innumerables amigos que creían que su historia de amor nunca terminaría, solo para darse cuenta de que las páginas de su libro fueron bruscamente arrancadas de sus vidas por el divorcio o la pérdida de su cónyuge. Tu historia aún no ha terminado.

Este no es un libro exhaustivo que aborda todas las facetas del matrimonio. Se podrían escribir volúmenes sobre este tema, y no tenemos todas las respuestas. No obstante, decidimos escribir nuestra historia, incluyendo muchos de nuestros momentos más dolorosos, porque sabemos que lo que hemos vivido y creído ayudará a otros.

Finalmente, Jesús sigue pensando que el matrimonio es una historia que merece la pena contar. Es su marco de referencia para cómo nos ama. Oramos que estas páginas produzcan fe, esperanza y amor, tanto en los solteros como en los casados, tanto en los jóvenes como en los que están más avanzados en edad. ¡Les desafiamos a soñar de nuevo!

El Plan Original

El Señor Dios hizo que crecieran del suelo toda clase de árboles: árboles hermosos y que daban frutos deliciosos. En medio del huerto puso el árbol de la vida y el árbol del conocimiento del bien y del mal.
(Génesis 2:9)

Día 1

Había una vez un huerto formado alrededor de dos árboles. Como quizá sepas ya, este no era un huerto cualquiera; estaba libre de esfuerzo y decadencia. Había ríos que atravesaban el paisaje del Edén, aportando aguas puras y cristalinas para todos los habitantes del huerto.

Solo nos podemos imaginar la magnificencia de los árboles que crecían en un entorno así. Cada uno era un símbolo perfecto de la vida arraigada en terreno rico, regado por torrentes de agua y nutrido por los radiantes, pero templados, rayos de luz. Había muchos árboles en el huerto, pero las Escrituras solo mencionan dos: el árbol de la vida y el árbol del conocimiento del bien y del mal. Ambos árboles gozaban de las mismas condiciones inmaculadas e incontaminadas, una forma de existencia que esta tierra caída nunca podría replicar. Sin embargo, un árbol engendraba vida, y el otro, muerte.

Probablemente hayas oído antes esta historia, porque cada historia de matrimonio tiene su origen en estos dos árboles del Edén. En muchos aspectos, nuestros matrimonios pueden ser semejantes a árboles de vida. Los matrimonios crecen a distintos ritmos en distintas épocas, y cuando mejor funcionan es cuando están anclados mediante raíces maduras. Experimentan años de dar fruto y también años estériles, así como años de excepcional crecimiento, y otros en los que el crecimiento es raquítico. Cada matrimonio se ve afectado por su clima nativo, por estaciones variantes y por tormentas que golpean. Sin embargo, el matrimonio ofrece resguardo ante los vientos siempre cambiantes de la vida.

El matrimonio ofrece resguardo ante los vientos siempre cambiantes de la vida.

La imagen de la portada de este libro proporciona un destello de la vida de un árbol. Lo que vemos en esta colección de anillos es, de hecho, la historia del árbol de la vida: la huella de su viaje.

En la escuela, muchos aprendimos dendrología básica (el estudio de las plantas leñosas), y podemos saber aproximadamente la edad de un árbol contando sus anillos. Aunque ambos podríamos ser capaces de contar los anillos de un árbol, estamos muy lejos de ser dendrólogos (aunque nos gustan los árboles). Además de la edad exacta de un árbol, los expertos de la sabiduría popular de los árboles podrían darnos más detalles de la vida de un árbol simplemente observando su corte transversal. Para el ojo entrenado, cada anillo es una historia. Las distintas anchuras nos dicen si el árbol experimentó un invierno moderado o excepcionalmente duro, revelando patrones de sequía o de lluvia abundante. Una inspección más a fondo revelaría incidentes de daño y ataques de pestilencias. Cada anillo es un año de estaciones, con forma circular, y único en su naturaleza.

Cada año de matrimonio podría ser semejante al camino del anillo de un árbol: de forma circular, y único en su naturaleza. Los aniversarios marcan el final de un año y el comienzo del siguiente. La fecha anual está explícitamente marcada, pero los meses, semanas y días que llenan el año del calendario son una colección de gozo, dolor, trabajo e incluso sorpresas.

Tu Historia

Al comenzar este viaje con nosotros, recuerda que tu historia (o futura historia) es exactamente eso: *tuya*. Cada vida y matrimonio es una colección de alegrías, victorias y retos. Durante demasiado tiempo, gran parte de la iglesia se ha contentado con ofrecer recetas genéricas para los problemas que afectan a nuestros matrimonios. Hemos oído: "Esposas, sométanse. Esposos, amen". Aunque hay verdad y valor en esto, francamente no hay una guía de tamaño único para edificar un matrimonio, porque cada matrimonio viene con su propia huella única.

Veámoslo de esta forma. Los planos de cada casa incluyen unos cimientos, una estructura de paredes y un tejado, pero el arquitecto tiene la libertad creativa para variar el diseño según las necesidades específicas y los deseos de sus habitantes. Lo mismo ocurre con nuestros matrimonios. Se nos ha dado la licencia creativa para diseñarlos como mejor se adapte a nosotros. Cada habitación debería ser distinta y tener la libertad de variar con las etapas de la vida. En nuestro matrimonio, por ejemplo, estamos entrando en un tiempo en el que educar a los hijos ya no será el papel dominante de nuestra casa. Esto significa que dentro de muy poco tiempo nuestra casa no necesitará tantas habitaciones como en el pasado. Este cambio en nuestros matrimonios es tan natural como los cambios de estaciones. Todo esto es normal.

Hay verdades y valores universales y eternos que impulsarán tu matrimonio hacia todo lo que Dios te ha llamado a ser. Dios quiere que cada matrimonio sea edificado con amor, respeto, gozo, sumisión, provisión, fidelidad, alimento, intimidad y legado, por nombrar algunos. Pero la forma en que estos ladrillos se expresan en tu vida reflejará la particularidad de tu personalidad y la etapa de tu matrimonio. Dios bosqueja los principios generales, pero deja espacio para su expresión en los asuntos particulares.

A Dios le encanta la diversidad, y un vistazo a su creación lo confirmará. Queremos dejar claro desde el principio que no creemos que todas las parejas encajan en un molde matrimonial genérico. En nuestros días, cada vez es más frecuente que ambos trabajen fuera de casa (en el 2012, casi el 60% de las mujeres en edad laboral en los Estados Unidos estaban activas en el trabajo[1]), y una esposa puede que gane más que su esposo. Su capacidad para producir ingresos no significa que no se someta o que él no sea el líder; simplemente significa que ambos están aportando a los ingresos del hogar, lo cual significa que es muy probable que su matrimonio sea distinto al de sus abuelos.

Sucede así con nuestro matrimonio. Ambos trabajamos y ambos somos líderes fuera de nuestro matrimonio. A veces trabajamos juntos (como en este libro), a veces trabajamos separados, pero el objetivo de nuestro matrimonio y nuestros valores subyacentes no titubean. Los papeles en la relación esposo y esposa no varían con nuestra capacidad de producir ingresos.

En el primer huerto, Dios les dijo, tanto a Adán como a Eva, que fueran fructíferos y se multiplicaran. No dijo que Eva tenía que quedarse en casa y gestionar la multiplicación de Adán. La mujer virtuosa de Proverbios 31 era una asombrosa gestora de su casa y empresaria. Si eso es lo que funciona en tu caso, ¡hazlo! O quizá uno de los dos quiera quedarse en casa todo el tiempo, con hijos o sin ellos. No hay nada malo en ninguno de estos enfoques.

Al principio parece natural suponer que lo que ha funcionado tan bien para otros funcionará bien para todos, pero vivimos en unos días únicos con retos únicos en todos los frentes. Queremos que tu matrimonio sea fuerte. Esto significa que debes tener la libertad de edificar el matrimonio de tus sueños, no el matrimonio de los sueños de otra persona.

Te animamos a que tomes un momento para pedirle al Espíritu de Dios, que es el Espíritu de verdad, que te revele cómo sus verdades eternas pueden transformar tu matrimonio en una unión especializada, esa que Él diseñó para ti antes del comienzo del tiempo.

Día 2

Cuando Tu Historia es Desafiada

El número de años en un viaje no nos cuenta toda su historia. Un matrimonio de cincuenta años podría ser de cincuenta años de sufrimiento o de cincuenta años de dicha perpetua; pero la mayoría de las veces, el matrimonio es un *collage* de etapas variadas y diversas.

Cuando miramos la imagen del árbol de la portada de este libro, es evidente que cada anillo aumenta el diámetro del árbol. Al margen de si un año fue de dificultad o de abundancia, añade anchura a la historia y significado al viaje. ¿Habría sido el libro de John Bunyan, *El Progreso del Peregrino* (un libro que ha estado a la venta durante más de tres siglos) una obra de arte tan duradera si Cristiano (el principal personaje de la historia) hubiera llegado a la Ciudad Celestial (su destino) sin experimentar el Pantano del Desaliento o triunfar sobre el gigante Desesperación? Sin la compleja mezcla de alegrías y desafíos, su historia sería aburrida y tranquila. Los peligros que Cristiano sufre y vence es lo que hace que valga la pena leer su historia. Los desafíos en nuestro matrimonio tienen el potencial de infundir a nuestras historias emociones y significados similares.

No menosprecies los momentos de desánimo. Úsalos para acercarte a la gracia de Dios y descubrir su divina fuerza que desafiará los límites de tu capacidad emocional y espiritual. Durante el transcurso de más de tres décadas de matrimonio, hemos descubierto que los momentos que parecían ser los más oscuros después se convirtieron en rayos de luz en nuestro camino. Nos empujaron para levantarnos y ponernos en pie. Tus dificultades presentes pueden convertirse en algunos de los mejores momentos de tu historia.

El Espíritu del Matrimonio

Antes de sumergirnos en la historia del matrimonio, dediquemos un momento a explorar su propósito. No hay duda de que el matrimonio es maravilloso, pero a veces es un proceso doloroso. La mayoría de nosotros tendemos a tener mucha más paciencia con el dolor de un proceso si entendemos su propósito. Por ejemplo, tú puedes soportar un par de horas en el sillón de un dentista si sabes que el procedimiento conseguirá el propósito de eliminar un incesante dolor de muelas. En tu matrimonio, probablemente has experimentado días que se parecían más a esos momentos en el sillón del dentista que en una hamaca en la playa (y si aún no te ha pasado, te pasará). Es en esos momentos dolorosos donde es más vital una buena conciencia de su propósito.

En la actualidad el propósito del matrimonio está en cuestión, y como muchas personas no entienden el propósito de su unión, no tardan mucho en saltar por la borda cuando las aguas turbulentas chocan contra su barco. Otros argumentan que la institución del matrimonio en sí está más rota que sana, y que es necesario renegociarlo o suprimirlo. Algunos incluso sugieren que los contratos matrimoniales deberían limitarse a un periodo predeterminado de tiempo, ya que, para siempre, es demasiado ambicioso para cualquiera de nosotros, según parece. Esas personas argumentan que no es realista tomar decisiones sobre cómo vamos a sentirnos dentro de veinte años cuando apenas podemos controlar cómo nos sentiremos mañana.

En la conocida canción *Ms. Jackson*, el grupo de hip-hop *OutKast* expresó un sentimiento popular:

> Su hija y yo
> Sentimos algo especial
> Usted dice que es amor adolescente
> Nosotros decimos que es un amor adulto
> Espero que sintamos esto, que nos sintamos así siempre
> Se puede planificar un buen picnic
> Pero no se puede predecir el tiempo.

Ms. Jackson es la disculpa de un hombre ante la madre de una jovencita a la que dejó embarazada, hacia quien ya no siente amor. Tristemente, esta canción refleja de manera perfecta una visión predominante del amor y el matrimonio: supuestamente *me* harán sentir bien. Esta perspectiva está basada en la creencia de que nuestras emociones nos dicen lo que está bien y mal, y que somos incapaces de gestionarlas. Si no me siento contento, obviamente tengo que hacer algún cambio. A fin de cuentas, no puedo controlar cómo me siento, así como no puedo controlar el cambio del clima. O como lo dice *OutKast*, "se puede planificar un *picnic*, pero no se puede predecir el tiempo".

Hay otros que quieren que la definición del matrimonio se adapte a los tiempos. Preguntan: "¿Por qué no podemos ser más flexibles? Si esta institución va a sobrevivir, tiene que ampliarse para incluir uniones entre un hombre y otro hombre o entre una mujer y otra mujer". Ciertas celebridades rehúsan incluso casarse hasta no haber renegociado los parámetros del matrimonio. (Para ser claros, cada matrimonio debería siempre estar creciendo y adaptándose, pero la definición y los participantes del matrimonio no cambian).

Entonces ¿a quién deberíamos escuchar? ¿Quién tiene el derecho de definir, o redefinir, el matrimonio? ¿Quién tiene las credenciales para decirnos cómo debería impactar nuestras vidas el matrimonio?

Creemos que Dios es el único que tiene ese derecho. Su Palabra declara que "*Dios, no tú, hizo el matrimonio. Su Espíritu habita incluso en los detalles más pequeños del matrimonio… Así que guarda el espíritu del matrimonio dentro de ti.*" (Malaquías 2:15 MSG)

Este versículo no deja lugar a la duda: Dios, y no tú, hizo el matrimonio. No solo creó el matrimonio, sino que también se involucró personalmente en el proceso de que dos personas se conviertan en una. Cada matrimonio está compuesto de muchos elementos distintos, algunos sencillos y algunos tremendamente complejos. Sin embargo, Dios acelera (o infunde vida a) los detalles más íntimos del matrimonio mediante su Espíritu.

Observemos que Malaquías 2:15 dice que su Espíritu [refiriéndose a Dios] *"habita incluso en los detalles más pequeños del matrimonio"*. En otras palabras, Dios nos permite expresiones creativas en el matrimonio, pero conserva todos los derechos del Creador en cuanto a lo que es y a quién incluye. El matrimonio no se puede recrear sin su consentimiento y participación, y Dios es claro en cuanto a los asuntos fundamentales: *"Yo soy el Señor y no cambio"* (Malaquías 3:6).

De Regreso al Edén

Volvamos de nuevo al huerto. ¿Te acuerdas de los dos árboles? Uno de ellos, el árbol del conocimiento del bien y del mal, era el único árbol cuyo fruto estaba prohibido para Adán y Eva. Dios advirtió que, si comían de su fruto, morirían. Pero algo acerca del árbol les hizo prestar oídos sordos al aviso de Dios y comer del fruto prohibido.

> *La mujer vio que el fruto del árbol era bueno para comer, y que tenía buen aspecto y era **deseable para adquirir sabiduría.*** (Génesis 3:6 NVI, énfasis añadido)

Ciertamente, muchos árboles en este huerto eran buenos para comer y agradables a la vista, pero un árbol cuyo fruto tenía el poder de elevar a uno al estatus de Dios era algo distinto. Eva pensó que había algo más de lo que le habían dado ya. Nos resulta asombroso que la mujer tratara de asir algo que no tenía (igualdad con Dios), y en el proceso perdiera algo que ya tenía el potencial de poseer (sabiduría).

Adán y Eva desearon ser como Dios al margen de su influencia y autoridad. Trataron de adquirir un papel que no les correspondía. Esto contrasta muy claramente con la decisión que tomó uno de sus descendientes:

> [Jesús], *siendo por naturaleza Dios, no consideró el ser igual a Dios como algo a qué aferrarse.* (Filipenses 2:6 NVI)

Adán y Eva fueron creados a imagen de Dios, pero no iguales a Él. La *imagen* de algo habla de un reflejo, no de una representación en su totalidad. La falsa promesa de igualdad con Dios hizo que el hombre y la mujer creyeran que estaban recibiendo algo, cuando de hecho ambos perdían. No recibieron sabiduría; aceptaron un engaño.[2]

La engañada y desobediente pareja fue expulsada del huerto. Nunca volverían a tener acceso al fruto que se encontraba en el árbol de la vida, y sin ese fruto vivo, Adán y Eva estaban destinados a la mortalidad. Murieron, y su huerto se perdió para siempre. Sin embargo, en cierto modo viven porque nosotros somos su descendencia. Los hombres y las mujeres ya no tienen inmortalidad individual sobre esta tierra, pero el matrimonio es una manera en que la vida continúa mediante la reproducción.

La buena noticia es que la cruz de Cristo es ahora nuestro árbol de vida definitivo. Restaura todo lo que se perdió en el huerto. Y un buen matrimonio puede servir como árbol para perpetuar la vida. Aporta el marco necesario para el legado y la intimidad; por eso es tan importante para Dios que honremos el matrimonio, que guardemos su espíritu y que nos amemos bien el uno al otro.

No es necesario un gurú de las relaciones que nos diga que algo importante se perdió en la traducción desde el huerto hasta aquí. Muchos matrimonios son lo opuesto a un árbol que perpetúa la vida. El divorcio, el adulterio, la decepción, la falta de felicidad y la ofensa asolan nuestros matrimonios y hogares. Debido a estos lapsos de amor, muchos no entienden el propósito del matrimonio, o por qué deberían querer casarse. Otros que están casados solo están intentando sobrevivir al fuego cruzado. Para ellos, el matrimonio no es un puerto seguro; es una zona de conflicto.

Día 3

La Fuente de Amor

Los gentiles blasfeman el nombre de Dios por causa de ustedes.
(Romanos 2:24)

Cuando nosotros, el Cuerpo de Cristo, no vivimos y amamos bien, la gente blasfemará el nombre de Dios. No es sorprendente, porque si nos llamamos a nosotros mismos "cristianos", afirmamos ser embajadores de Cristo. El apóstol Pablo escribió:

> *Pues Dios estaba en Cristo reconciliando al mundo consigo mismo, no tomando más en cuenta el pecado de la gente. Y nos dio a nosotros este maravilloso mensaje de reconciliación. Así que somos embajadores de Cristo; Dios hace su llamado por medio de nosotros. Hablamos en nombre de Cristo.* (2 Corintios 5:19-20)

Un embajador es un mensajero o representante[3] autorizado. Como cristianos, hablamos en nombre de Cristo. ¡Qué privilegio! Se nos ha invitado, incluso otorgado, participar en el ministerio de la reconciliación de Dios. Hablamos en nombre de Dios con nuestras palabras y acciones. Este es nuestro propósito en la vida. Somos colaboradores con Dios, quien avanza su reino en la tierra.

Así pues, ¿qué nos ha pedido Cristo que hagamos, a sus embajadores? Jesús dijo: *"Así que ahora les doy un nuevo mandamiento: ámense unos a otros. Tal como yo los he amado, ustedes deben amarse unos a otros".* (Juan 13:34)

Por fortuna, esta misión no es algo que debamos realizar mediante nuestra fuerza de voluntad. Las Escrituras dejan claro que para cumplir nuestro propósito, debemos primero estar en Cristo, herederos de su gracia mediante su obra salvadora en la cruz. Solo entonces podemos operar en el poder transformador de su Espíritu, y solo entonces podemos amarnos unos a otros como Él nos ama.

Bajo el nuevo pacto de gracia, Dios nunca nos da un mandamiento para el que no nos capacite. Como estamos en Cristo, su Espíritu hará posible que nuestros matrimonios y nuestras vidas individuales revelen su presencia y su amor al mundo; sin embargo, no podemos revelar su amor hasta que primero lo experimentemos por nosotros mismos. En Efesios 3:16-19 Pablo ofrece la clave para recibir el poder del amor de Cristo:

Pido en oración que, de sus gloriosos e inagotables recursos, los forta-
lezca con poder en el ser interior por medio de su Espíritu. Entonces
Cristo habitará en el corazón de ustedes a medida que confíen en él.
Echarán raíces profundas en el amor de Dios, y ellas los mantendrán
fuertes. Espero que puedan comprender, como corresponde a todo el
pueblo de Dios, cuán ancho, cuán largo, cuán alto y cuán profundo
es su amor. Es mi deseo que experimenten el amor de Cristo, aun
*cuando es demasiado grande para comprenderlo todo. **Entonces** se-*
rán completos con toda la plenitud de la vida y el poder que proviene
de Dios. (énfasis añadido)

Para recibir la revelación del amor de Cristo, primero tenemos que permitir que Dios nos capacite con fortaleza interior mediante su Espíritu,
pero eso no puede suceder si no has rendido tu vida a Él. Una vez que tu
vida es de Él, tendrás la oportunidad de continuar creciendo en su amor,
un viaje que finalmente te llevará a una vida total y completa.

Solo dos versículos después de que Pablo escribiera sobre el poder que
viene al conocer el amor de Cristo, explicaron el propósito de este poder:

*"Por lo tanto, yo… les suplico que **lleven una vida digna del llama-**
do que han recibido de Dios, porque en verdad han sido llamados.*
Sean siempre humildes y amables. Sean pacientes unos con otros y
tolérense las faltas por amor. Hagan todo lo posible por mantenerse
unidos en el Espíritu y enlazados mediante la paz". (Efesios 4:1-3,
énfasis añadido)

Observa que Pablo escribió: *"que lleven una vida digna del llamado".* De
nuevo, está hablando de nuestro propósito: revelar el amor, la verdad y la
forma de vivir de Dios (su reino) al mundo. Nada de esto es posible sin
un conocimiento experimental del amor de Dios. El conocimiento teó-
rico no lo logrará; solo cuando poseemos una experiencia personal del
amor de Dios, estamos capacitados para edificar vidas, y matrimonios,
dignos de nuestro llamado.

En este pasaje, Pablo describió ciertos patrones de conducta que se parecen mucho a las mejores prácticas del matrimonio: ser humildes, ser

amables, ser pacientes, tolerar las faltas del otro, y hacer lo posible por mantenerse unidos en paz. No es coincidencia que en el siguiente capítulo de Efesios encontremos algunos de los versículos más famosos de la Biblia con respecto al matrimonio. (Recuerda: las designaciones de capítulos y versículos fueron añadidas por la iglesia en el siglo XIII y no aparecen en la carta original de Pablo.) ¿Podría ser que en Efesios 1-4 Pablo estuviera preparando los corazones de sus oyentes para lo que estaba a punto de compartir: verdades radicales sobre el matrimonio que requerirían un conocimiento radical del amor de Dios?

Esta es la progresión: para poder amar bien (ya sea a tu cónyuge o a cualquier otra persona), primero debes descubrir las profundidades del amor de Dios para ti. Tu conocimiento del amor de Dios no se puede basar en información de segunda mano; tienes que experimentarlo por ti mismo. Cuando experimentes el amor de Cristo, *"serán completos con toda la plenitud de la vida y el poder que proviene de Dios"*. Solo entonces puedes llevar una vida digna de tu llamado. El poder para vivir y amar bien viene del conocimiento íntimo del inmenso amor que Dios tiene por ti.

El Propósito del Matrimonio

Si tu propósito individual es ser un representante de Cristo en la tierra, ¿cuál es el propósito de tu matrimonio?

Comencemos con esto: Dios es amor. El amor no es solo algo que Dios hace, ni es algo que Él tiene. Es su esencia. El matrimonio es una institución de amor, la primera institución que Dios estableció. El matrimonio no es solo la primera institución establecida por Dios, sino que también es el simbolismo poético que Él usa para representar las profundidades de su amor, y su compromiso por nosotros y hacia nosotros, su iglesia y novia. La novia y el novio son una imagen de la iglesia y de Cristo.

Debido a este profundo simbolismo, hay un intento incluso más profundo y oscuro detrás del ataque contra el matrimonio, un motivo que muy pocos reconocen. Los ataques contra el matrimonio, su definición, designación y raíces divinas, son algo más que tan solo política o progreso social. Las Escrituras dejan claro que no solamente tenemos lucha contra sangre y carne, que nuestro adversario no es un gobierno o una organización (ver Efesios 6:12). Hay un antiguo enemigo, el enemigo de nuestras almas, trabajando entre bambalinas para torcer y pervertir la unión divina. No dejará de atacar el matrimonio hasta que haya distorsionado por completo nuestro marco de referencia en cuanto a la forma en que Dios ama y se relaciona con su pueblo. Lo último que Satanás quiere es que descubramos y recibamos el amor transformador de Dios, pero por la gracia de Dios, podemos derrotar a nuestro enemigo y aceptar todo lo que Dios desea en y para nuestros matrimonios.

¿Qué Piensa Jesús?

Dios no solo hizo el matrimonio, sino que también tiene un plan y un propósito para él que no ha cambiado. Aunque el debate sobre las particularidades del matrimonio ha sido un tema candente durante miles de años, Él aún defiende firmemente su plan original. Leamos lo que Jesús dijo a los fariseos en una de sus conversaciones más famosas con respecto al matrimonio:

> *Unos fariseos se acercaron y trataron de tenderle una trampa con la siguiente pregunta:—¿Se permite que un hombre se divorcie de su esposa por cualquier motivo? Jesús respondió: —¿No han leído las Escrituras? Allí está escrito que, desde el principio, "Dios los hizo hombre y mujer". —Y agregó—: "Esto explica por qué el hombre deja a su padre y a su madre, y se une a su esposa, y los dos se convierten en uno solo". Como ya no son dos sino uno, que nadie separe lo que Dios ha unido.* (Mateo 19:3-6)

Los fariseos se conformaban con saber lo que era legal, pero Jesús quería que ellos entendieran el poder del amor. No podemos negar el hecho de que Dios originalmente planeó al hombre y a la mujer el uno para el otro. En el matrimonio, ellos dejan a sus padres para formar uniones vivas. Una vez que se juntan los dos sexos, nadie debería separar esta unión.

¿Por Qué Dios se Interesa por el Divorcio?

La versión inglesa de la Biblia *The Message*, llama al divorcio una pro-fanación del arte de Dios. Es el hecho de que el matrimonio es un arte de Dios, algo que Él creó, lo que hace que el divorcio sea un asunto tan grave.

Profanar es tratar algo sagrado con una gran falta de respeto.[4] Sinónimos de *profanar* serían palabras como *blasfemar, difamar, deshonrar, vandalizar, insultar* y *violar*. Estos términos extremos denotan todos ellos una idea de violencia. Hemos hablado de la paráfrasis de *The Message*, pero todas las traducciones comunican la importancia de dividir lo que Dios ha unido. Y mediante el adecuado estudio contextual, podemos deducir con tranquilidad que Jesús está hablando de todos los matrimonios.[5]

¿Te imaginas cómo respondería el mundo si alguien vandalizara la *Mona Lisa* de Leonardo Da Vinci? Todos los periódicos narrarían la historia. Quien lo hizo sería condenado por la sociedad, y probablemente pasaría el resto de su vida en prisión. ¿Cómo se atreve alguien a vandalizar la obra de arte más grande de la humanidad? Leonardo se revolvería en su tumba.

Bien, Dios ve el matrimonio como una de las obras de arte más grandes expresada mediante su creación favorita. Su pasión por el matrimonio es evidente en la respuesta de Jesús a los fariseos. Ellos vieron sus palabras como demasiado grandes para poder manejarlas, así que simplemente rehusaron responder. Incapaces de comprender el matrimonio a la luz de la intención original de Dios, se escondieron detrás de la Ley de Moisés, un enfoque que les daba licencia para irse, en vez de la capacidad para quedarse.

> *Entonces —preguntaron—, ¿por qué dice Moisés en la ley que un hombre podría darle a su esposa un aviso de divorcio por escrito y despedirla? Jesús contestó: —Moisés permitió el divorcio sólo como una concesión ante la dureza del corazón de ustedes, pero no fue la intención original de Dios. Y les digo lo siguiente: el que se divorcia*

de su esposa y se casa con otra comete adulterio, a menos que la espo-sa le haya sido infiel. (Mateo 19:7-9)

Bajo la Ley de Moisés, se hacían concesiones por la dureza del corazón humano. Esta fue una provisión, no el propósito original de Dios. No te equivoques; Dios aborrece los efectos del divorcio. Cuando un esposo y una esposa se separan, uno de los misterios de la creación de Dios (como se describe el matrimonio en Efesios 5:31-32) es violado y despedazado.

Día 4

Un Nuevo Corazón

(…) quiero que se mantengan en el plan original, y les hago respon-sables de adulterio si se divorcian de su esposa fiel y luego se casan con otra(…) (Mateo 19:9 MSG)

Repito: Jesús nunca nos pedirá que hagamos algo para lo que Él no nos capacite. Nos mantiene ligados al plan original de Dios para el matrimo-nio porque Él está dispuesto a equiparnos para vivirlo. La Ley de Moisés permitía concesiones para los duros de corazón, pero mediante el sacri-ficio de Jesús recibimos un nuevo corazón nacido del Espíritu en vez del de piedra.

Les daré un corazón nuevo y pondré un espíritu nuevo dentro de ustedes. Les quitaré ese terco corazón de piedra y les daré un corazón tierno y receptivo. (Ezequiel 36:26)

Vemos esto repetido en el Nuevo Testamento. El apóstol Pablo nos ani-mó con estas palabras:

Pues sabemos con cuánta ternura nos ama Dios, porque nos ha dado el Espíritu Santo para llenar nuestro corazón con su amor. (Romanos 5:5)

Esta novedad de corazón no es algo que nosotros podamos crear. De-pende del poder de Dios y la fuerza de su amor; sin embargo, somos responsables de humillarnos y aceptar ese poder. Ten en mente que Dios nunca nos impondrá su amor. Él es un caballero que nunca se nos impone.

Como tenemos un nuevo corazón, uno capaz de recibir el amor de Cristo, ahora podemos aceptar la abrumadora declaración de Jesús sobre el plan original de Dios para el matrimonio y el divorcio.

La versión *The Message* usa la palabra *responsable* (que significa "responsable por ley; que responde legalmente"[6]) para describir el estado de alguien que se divorcia de un cónyuge fiel. Sabemos que esto puede parecer una orden muy elevada, pero si Dios nos exige este estándar, Él está más que dispuesto a darnos la gracia para cumplirlo. Pero como el viaje no es fácil ni automático, demasiados optan por abandonar exactamente cuando deberían proseguir.

Según un estudio, dos de cada tres parejas infelizmente casadas estarán contentas con sus matrimonios en un plazo de cinco años, si no se divorcian.[7] ¡Así que no te rindas! No sabemos cuál es el estado de tu matrimonio en este momento, pero aunque sientas que no hay salida, hay esperanza. Tu cambio para mejor puede estar a la vuelta de la esquina. Jesús vino para hacer que los buenos matrimonios fueran mejores y para restaurar los matrimonios rotos.*

La Excepción

Hago una excepción en los casos en los que el cónyuge ha cometido adulterio. (Mateo 19:9 MSG)

Jesús dejó claro que hay una excepción en el plan original. Incluso en caso de adulterio, no obstante, poner fin al matrimonio es una opción. Si tu cónyuge te ha sido infiel, no tienes que quedarte, pero tampoco tienes que divorciarte. En cualquier cosa que decidas, sí tienes que perdonar.

---

* Nunca deberías quedarte en una situación peligrosa para ti o para tus hijos. Si hay abuso en tu matrimonio, por favor toma las medidas necesarias para estar a salvo. Contacta a alguien en tu iglesia o a las autoridades locales para más apoyo o guía.

Hay una diferencia enorme entre el perdón y la reconciliación. Deberías perdonar a alguien que te roba, pero eso no significa que tengas que invitar al ladrón a tu hogar. La reconciliación solo es posible si una pareja puede ser restaurada a un punto de unidad después de una lastimosa ruptura de pacto, fe y confianza.

Nosotros nunca hemos sufrido la ruptura del adulterio, pero hemos tenido amigos que han experimentado sus horrores. Algunas de esas parejas escogieron aceptar la reconciliación; hicieron el arduo trabajo de reparar las piezas rotas de su pacto. En todos los casos, el cónyuge infiel llegó a un lugar de quebranto y arrepentimiento. Seamos claros: no puede haber reconciliación sin arrepentimiento. Incluso Dios, en su infinita bondad y misericordia, nos exige el arrepentimiento, tener un cambio de mente y corazón, para poder reconciliarnos con Él.

También hemos conocido a parejas que no se pudieron reconciliar, y no deben sentir el peso de la condenación. Jesús entendió la gravedad de la traición, e hizo una concesión necesaria. Hemos visto a Dios bendecir a estos amigos mientras se recuperaban de las secuelas del divorcio.

Si has sufrido un divorcio, te animamos a no permitir que ello te defina. Es una parte de tu pasado, pero no tiene que determinar el panorama de tu futuro.

El pasado no es tuyo; le pertenece a Dios. El enemigo de tu alma intentará usar tu pasado para frustrar los planes de Dios para tu futuro. Recuerda que Dios te ha dado hoy un nuevo día y que las decisiones que tomes hoy moldearán tu mañana, no tu ayer. Si has tomado malas decisiones en el pasado, acepta la sabiduría y el poder de Dios; humíllate mediante el arrepentimiento y experimenta las maravillas de su gracia, la cual tiene el poder de transformar las circunstancias más desalentadoras.

¿Estoy Atascado?

La descripción que hizo Jesús del diseño de Dios para el matrimonio debió haber sido un desvío radical de la norma. En vez de inspirar a sus discípulos, sus palabras los estresaron. Leamos su queja:

> Los discípulos de Jesús objetaron: **"Si esos son los términos del matrimonio, estamos atascados.** ¿Para qué casarse? (Mateo 19:10 MSG, énfasis añadido)

¿Atascados? ¡Qué perspectiva tan terrible de la vida matrimonial! Sin embargo, como los discípulos, muchos de nosotros vemos el matrimonio como algo que aprieta y limita. ¿Cuántas personas solteras están llenas de temor por casarse con la persona errónea y quedarse atascados?

Lo que hemos aprendido es que el matrimonio no se trata tanto de encontrar a la persona indicada como de *ser* la persona indicada. No nos malentiendas; cuando se busca un cónyuge, es importante buscar el consejo divino y la paz del Espíritu, pero muy a menudo creemos que el Señor o la Señora Indicado llenará milagrosamente los huecos de nuestra vida, pero ningún ser humano es apto para esa tarea. Es algo que solo Dios puede llenar. Y tú no puedes manejar la condición de otra persona, reformándola para que sea exactamente lo que tú piensas que necesitas. Lo que puedes hacer es aceptar el proceso de Dios de refinamiento, y convertirte en el hombre o la mujer que pone su vida desinteresadamente por su actual o futuro cónyuge. En el proceso de poner tu vida, descubrirás más satisfacción que si buscases tus propios intereses.

Mateo 6:22 dice que *"la luz del cuerpo es el ojo"*. Esto significa que tus percepciones serán tu realidad. Una perspectiva que dice "estoy atascado" limitará lo que Dios puede hacer en tu matrimonio y a través de él. Si percibes que tu matrimonio es una trampa de desesperanza, en eso se convertirá. Tus circunstancias naturales finalmente quedarán determinadas por tu visión espiritual, y el matrimonio no es una excepción.

Quizá pienses: *John y Lisa, están pidiendo demasiado. ¿Quieren que ponga mi vida por mi cónyuge? Eso es ridículo. ¿Y qué hay de mis necesidades, esperanzas y sueños? Jesús quiere que yo sea feliz. Lo que acaban de compartir es un pensamiento bonito, algo a lo que aspirar.* Podemos asegurarte que Dios quiere que seas feliz, pero la verdadera felicidad es el derivado de una búsqueda mayor. La felicidad viene del cumplimiento de un propósito más alto, y cualquier propósito digno requerirá que pongas tu vida. En la erradicación del egoísmo encontramos la verdadera felicidad. El matrimonio proporciona el entorno perfecto para este enfrentamiento con el egocentrismo.

"Si los *dos* cónyuges, escriben Timothy y Kathy Keller, dicen: 'Voy a tratar con mi egocentrismo como el primer problema en el matrimonio', tienen el potencial de un matrimonio verdaderamente bueno".[8] El egocentrismo nos impide disfrutar de buenos matrimonios, lo cual significa que el sacrificio de uno mismo es la clave para disfrutar del matrimonio en su plenitud. Si estás batallando en tu relación con tu cónyuge, el egocentrismo probablemente sea la fuente del problema.

Día 5

La Grandeza del Matrimonio

*Pero Jesús dijo: "No todos son maduros para vivir una vida en matrimonio. Requiere cierta aptitud y gracia. El matrimonio no es para todos. Algunos, desde su nacimiento aparentemente, nunca piensan en el matrimonio. A otros nunca se lo pidieron, o aceptaron. Y otros deciden no casarse por razones del reino. Pero **si eres capaz de crecer hasta la grandeza del matrimonio, hazlo**".*
(Mateo 19:11-12 MSG, énfasis añadido)

Aunque los discípulos estaban enfocados en sentirse atascados, Jesús estaba haciendo una declaración que tenía el potencial de aumentar los límites de su existencia. Jesús no ve el matrimonio como una trampa; lo ve como algo que puede *ampliar* tu vida.

Puede parecer que el matrimonio disminuye el número y valor de sus participantes; a fin de cuentas, ¿no se trata de dos convirtiéndose en uno? En vez de disminuir o dividir, sin embargo, el matrimonio produce aumento. Cuando dos se convierten en uno, hay una multiplicación en cada área de la vida. Hasta que Dios no creó a Eva, no pudo darle a Adán el mandamiento de ser fructífero y multiplicarse, un mandato que no estaba limitado a tener bebés. El verdadero potencial de la multiplicación en el matrimonio es imposible de cuantificar, y demasiado amplio para medirlo.

Podemos asegurarte que no estarías leyendo este libro (ni ningún otro libro de cualquiera de nosotros) si no fuera por nuestro matrimonio. Hubiéramos vivido vidas pequeñas. Yo (John) soy hoy quien soy por la gracia de Dios y por su regalo, Lisa Bevere. ¿Ha sido fácil nuestro matrimonio en todos estos años? ¡Por supuesto que no! Pero Dios ha usado nuestro matrimonio para agrandar mi vida en todos los aspectos.

Yo (Lisa) me siento exactamente igual y estoy muy agradecida por la forma en que Dios ha agrandado mi vida a través de mi esposo. Al principio de casarnos me aterraba la gente, en gran parte debido a la inseguridad por haber perdido un ojo debido a un cáncer cuando tenía cinco años. John conocía mi temor y sin embargo, habló al don de Dios en mi vida. Su ánimo me ayudó a aceptar el plan de Dios y una vida mayor, lo cual para mi sorpresa ha estado muy relacionado con ministrar a la gente.

Como mencionamos, cuando Dios nos mandó multiplicarnos no estaba hablando solo de hacer bebés. Dios sabía que la unión del hombre y la mujer (lo que parece ser la sencilla suma de *uno más uno*) crearía la oportunidad para una gran multiplicación. Este principio es cierto en cada área de la vida: tu carrera, tu vida familiar, tu vida espiritual, y otras. En el matrimonio, Dios nos ha dado algo que puede ampliar nuestras fronteras. Si tu vida carece de bendición y multiplicación, es tiempo de dejar de esforzarte y comenzar a honrar y a ser un devoto de tu cónyuge.

No es Fácil

Un buen estratega militar te dirá que un elemento importante de todo gran plan de combate es un profundo conocimiento del enemigo y sus tácticas. (¿Por qué crees que los equipos de fútbol pasan tanto tiempo viendo videos de los partidos de sus contrincantes?). Cuando el enemigo ataca el matrimonio, especialmente los matrimonios cristianos, su intención es dividir y vencer. Este conocimiento debería darnos la motivación para resistir sus tácticas.

Cuando luchamos por nuestros matrimonios, estamos luchando por una idea de Dios. Recuerda: Dios, y no tú, hizo el matrimonio. Satanás odia el matrimonio porque es mucho más que una conexión sexual, es una unión espiritual. Como tu matrimonio posee tal importancia, sufrirás oposición; pero debes continuar para alcanzar el premio (ver Filipenses 3:14). Jesús nunca dijo que sería fácil. De hecho, nos desafió con estas palabras:

> *No todos son maduros para vivir una vida en matrimonio. Requiere cierta aptitud y gracia.* (Mateo 19:11 MSG)

Una gran parte de la madurez es la disposición a crecer y aprender. En su libro *Sacred Marriage* (El Matrimonio Sagrado), el escritor Gary Thomas escribe: "Si quiere ser más como Jesús, no se me ocurre ninguna cosa mejor que hacer que casarse. Casarse le obliga a abordar algunos asuntos de carácter que nunca hubiera afrontado de otra manera".[9] Jesús dejó claro que la vida matrimonial expondrá nuestras inmadureces, pero si estamos dispuestos a crecer en su gracia (lo cual requiere humildad, desinterés propio y paciencia), finalmente disfrutaremos de la grandeza del matrimonio.

Contrato o Pacto

La gente a menudo considera un pacto matrimonial como un contrato, y eso es un problema. Un contrato es simplemente un acuerdo creado para limitar el movimiento. Implícitamente dice: "Estos son los límites. No romperás este acuerdo. Si violas nuestros términos, entonces tengo el derecho de rescindir este contrato". En otras palabras: *No estoy atascado*.

Contratar es también un verbo, el cual el diccionario *Merriam-Webster* define como "reducir apretando o forzando". Eso no se parece mucho a la *grandeza* del matrimonio a la que se refirió Jesús. El matrimonio supuestamente es para agrandar nuestra vida, no para hacerla más pequeña.

Dios no considera el matrimonio como un mero contrato; Él lo ve como un pacto espiritual. Es un acuerdo que exclama: "Doy todo lo que hay en mí a todo lo que hay en ti. Todo lo que soy y todo lo que tengo es tuyo, y todo lo que tú tienes es mío ahora. Todo lo que hacemos será multiplicado, agrandado y aumentado por este hermoso intercambio". El pacto proclama alegremente: "¡Estoy atascado! ¡Y me encanta!". Eso es ampliación.   Pablo dijo a los efesios:

> *Para los maridos, eso significa: ame cada uno a su esposa **tal como Cristo amó a la iglesia...*** (Efesios 5:25, énfasis añadido)

Pablo animó a los esposos a amar a sus esposas tal como Cristo ama a la iglesia. Este amor es un amor de pacto que es mucho más que un contrato. Esposos, ¿no se alegran de que Jesús los ame incluso cuando no son muy adorables? ¿No se alegran de que Jesús nunca vea su relación con ustedes como un contrato, algo que le tiene a Él "atascado"? Nuestra meta debe ser imitar el amor de Jesús en nuestras respuestas y actitudes hacia nuestras esposas. (Pablo no se detiene aquí, por cierto. Continúa diciéndonos que entreguemos nuestra vida por nuestra esposa. ¡Qué mandato!).

Recuerda que en Efesios 3, poco después de escribir estas palabras, Pablo describió la profundidad del amor de Dios por su pueblo. Solo dos capítulos después, mandó que ese mismo tipo de amor estuviera en nuestro matrimonio, que amemos "como Cristo amó a la iglesia".

Nuestros matrimonios son para modelar el amor de Cristo por su novia. ¿Por qué iban a querer participar los que no conocen a Jesús de una relación con Él si las relaciones entre su pueblo estuvieran vacías de amor, poder, armonía y compromiso? ¿Empiezas a ver por qué tu matrimonio es tan importante? No se trata de ti; se trata del anhelo de Dios por alcanzar el mundo con su amor.

Como compartimos previamente, el verdadero amor por tu cónyuge debe desbordarse tras recibir el amor que Dios tiene por ti. Un amor tan profundo no se puede fabricar; se debe recibir de Aquel cuyo amor desafía el entendimiento humano.

Seremos los primeros en decirte que el enfoque de Dios sobre el matrimonio no es fácil. Ha habido veces en nuestro matrimonio en las que hubiéramos preferido cortar la relación. Parecía que toda la esperanza se había esfumado; pero tras estar casados más de treinta años, hoy somos más felices que nunca y anhelamos otros treinta años de esperanza y expectación.

¿Un Árbol de Vida o un Árbol de Muerte?

A mí (Lisa) me encanta cultivar, pero John no comparte mi afición. A él le gusta lo que produce el cultivo, pero no todo el trabajo que requiere. Cultivar es mucho trabajo, y demanda mucho tiempo. Por fortuna para John, vivimos a cinco minutos de la tienda *Whole Foods*, así que no necesita ensuciarse las manos.

Muy parecido al cultivo de plantas, cultivar un matrimonio requiere mucho tiempo y energía. Si queremos que nuestro matrimonio sea saludable, no hay una opción de comida rápida que nos permita esquivar el trabajo necesario, lo cual es algo bueno. ¿Por qué? Porque valoramos aquello por lo cual trabajamos, y necesitamos valorar nuestros matrimonios.

La buena (y a veces mala) noticia es que todo lo que plantas en tu matrimonio, dará su fruto en diferentes áreas de tu vida. Anteriormente en este capítulo exploramos el concepto de nuestros matrimonios como árboles de vida. Lo opuesto también es cierto. Tu matrimonio también puede ser un árbol de muerte.

Volvamos a ver nuestra descripción de los dos árboles del Edén:

Ambos árboles gozaban de las mismas condiciones inmaculadas y sin contaminar. Pero un árbol producía vida, y el otro muerte.

La institución del matrimonio de Dios es como el terreno, y tu matrimonio actual o futuro es como un árbol. El plan original para el matrimonio es buena tierra en la que tu unión pueda crecer, pero la decisión es tuya: ¿será tu matrimonio un árbol que produce vida? Tu cónyuge, familia, amigos y colegas del trabajo ¿experimentarán amor, gozo y paz mediante su desarrollo? ¿U ofrecerá desánimo, egoísmo y amargura a aquellos que coman de su fruto?

Muchos hemos visto la institución del matrimonio en sí como la fuente de nuestros problemas. Otros han intentado culpar a sus cónyuges. Ambas perspectivas exponen una negativa a reconocer y tratar la depravación de nuestro propio corazón. Esperamos que ese ya no sea tu caso.

Antes de continuar este viaje, se debe tomar una decisión. Tienes que escoger creer que tu matrimonio puede llegar a ser, y será, todo lo que Dios quiso que fuera.

Quizá tiendes a pensar: *Lo creeré cuando lo vea.* Pero creer en el cambio siempre precede a la evidencia del cambio, porque todas las promesas de Dios se reciben por fe. La buena noticia es que tu matrimonio no se trata de ti, sino de Él. Lo único que tienes que hacer es ponerte a un lado y dejar que Dios sea Dios. A fin de cuentas, tu matrimonio es la obra de arte de Dios. Si se lo permites, Dios lo transformará en una hermosa obra de arte.

Devocional Día 1

ETAPAS DEL MATRIMONIO

*Hay una temporada para todo, un tiempo
para cada actividad bajo el cielo.*
(Eclesiastés 3:1)

Primavera, verano, otoño e invierno: cuatro estaciones distintas, cada una con sus propias alegrías y desafíos. Tu matrimonio es muy parecido. Experimentarás muchas etapas en el matrimonio, pasando por algunas más de una vez. En cada estación hay cosas que aprender y oportunidades para crecer. El autor y pastor **Charles Swindoll** comparte estas ideas sobre el tema de las estaciones:

> Me alegra que Dios cambie los tiempos y las estaciones, ¿tú no?... El Maestro ni guarda silencio ni se despreocupa cuando altera nuestros tiempos y cambia nuestras estaciones. ¡Qué error caminar fatigosamente de forma ciega y rutinaria por una vida de etapas cambiantes sin descubrir respuestas a los nuevos misterios y aprender a cantar las nuevas melodías! Las etapas están diseñadas para aumentarnos, para instruirnos en la sabiduría y los caminos de nuestro Dios. Para ayudarnos a ser más fuertes... como un árbol plantado junto a corrientes de agua.[10]

¿Cuál dirías que es una de las etapas más maravillosas que has compartido con tu cónyuge? Descríbela brevemente y comparte por qué es tan especial para ti.

¿Cuál dirías que es una de las tormentas más duras que han sufrido como pareja? ¿Cómo conseguiste superarlo, y qué te enseñó el Señor?

Para recibir algo de ánimo, repasa Eclesiastés 3:11; Romanos 8:28; 2 Corintios 2:14.

Mira a tu alrededor. ¿En qué etapa dirías que se encuentra tu matrimonio actualmente? ¿Qué puedes hacer para disfrutar más de esta etapa?

Haz una pausa y ora. "Señor, ¿qué podemos hacer para disfrutar mejor la etapa de la vida en la que estamos? Danos ojos para ver las cosas como tú las ves. Ayúdanos a apreciar lo bueno que cosecharemos en el futuro debido a esta etapa. En el nombre de Jesús, amén".

Con el paso de los años, la "huella" única de tu matrimonio se vuelve más clara. Toma un tiempo ahora para estar quieto y apreciarlo. ¿Qué hace que tu matrimonio sea especial? Considera los dones, talentos, personalidades, deseos, metas, experiencias, etc., de tu cónyuge y los tuyos.

Ora y pídele al Espíritu Santo que te revele la particularidad de tu relación y lo que Él desea específicamente hacer a través de ti y de tu pareja. Escribe lo que Él te muestre, y después dedica un tiempo a compartirlo con tu cónyuge.

Devocional Día 2

DIOS HIZO EL MATRIMONIO

*Dios, y no tú, hizo el matrimonio. Su Espíritu habita incluso
en los detalles más pequeños del matrimonio.*
(Malaquías 2:15 MSG)

En el principio, antes de que se estableciera ninguna otra institución, se creó el matrimonio. En palabras del pastor y experto en contar historias **Max Lucado:**

> Dios creó el matrimonio. Ningún subcomité gubernamental lo pensó. Ninguna organización social lo desarrolló. El matrimonio se concibió y nació en la mente de Dios.[11]

Dios hizo el matrimonio, y es muy importante para Él, tan importante que desea participar íntimamente en cada aspecto de tu relación. Su Palabra dice: *"Dios desea fervientemente que el espíritu que puso dentro de nosotros le sea fiel"* (Santiago 4:5).

Detente y piensa. ¿Has invitado al Espíritu de Dios a entrar en cada área de tu matrimonio? ¿Es su consejo esencial para tus planes diarios? Si solo le has invitado ocasionalmente, ¿cómo es distinta la vida cuando se te olvida involucrarlo a Él?

Tienes el privilegio de hablar con Dios en cualquier momento, en cualquier lugar, sobre cualquier cosa. ¿Estás luchando con los temores, estrecheces económicas o dificultades en la comunicación? ¿Por qué no llevas tus preocupaciones a Dios en oración? Lee con detenimiento estos pasajes y escribe lo que el Espíritu Santo te hable.

Filipenses 4:6-7 | Mateo 6:25-34 | 1 Pedro 5:7 | Santiago 5:13-16

Mateo 7:7-11 | Juan 14:13-14 | 1 Juan 5:14-15

Confiamos en Dios, pues sabemos que él nos oye, si le pedimos algo que a él le agrada. Y así como sabemos que él oye nuestras oraciones, también sabemos que ya nos ha dado lo que le hemos pedido. (1 Juan 5:14-15 TLA)

Dios no quiere que tu matrimonio sea una zona de conflicto. Quiere que sea tu Edén, una palabra que significa un lugar de "placer y deleite". ¿Qué es lo que más te gustaría que Dios cambiara en tu matrimonio? Después de responder, pregúntale: "¿Cuál es mi parte para poder ver el cumplimiento de eso? ¿Qué debe cambiar en mí?".

Devocional Día 3

REPRESENTAR A CRISTO

Somos los representantes de Cristo. Dios nos usa para persuadir a hombres y mujeres que dejen a un lado sus diferencias y entren en la obra de Dios de arreglar las cosas entre ellos.
Estamos hablando en nombre de Cristo ahora.
(2 Corintios 5:20 MSG)

Dios, el Creador Todopoderoso de todo, nos ha dado el privilegio de colaborar con Él para revelar su carácter y llevar su voluntad y sus caminos a la tierra. Esto es cierto para nosotros tanto a nivel individual como de parejas casadas. El autor y pastor misionero **Rick Renner** explica:

> Según las palabras de Pablo en Segunda de Corintios 5:20, somos delegados del cielo, 'embajadores' que hemos sido enviados ¡como *representantes* del cielo al planeta tierra! Como embajadores de Cristo, somos *la voz del cielo*. Como representantes suyos, estamos autorizados para *hablar y actuar* de parte del Señor. Y como embajadores del cielo, estamos plenamente respaldados, plenamente sostenidos, plenamente defendidos y plenamente asistidos por la autoridad y los recursos del cielo.[12]

Tu cónyuge y tú son los representantes de Dios para el mundo. Él está "rogando" por medio de ustedes, suplicando a los no creyentes que regresen a Él. Así pues, ¿cuán atractivos son ustedes? Si no conocieras a Dios y vieras a una pareja modelando tu matrimonio, ¿qué aspectos te harían acercarte a Él? ¿Qué te alejaría de Él?

Cuando el Cuerpo de Cristo no vive ni ama bien, la gente blasfema el nombre de Dios (ver Romanos 2:24). ¿Te está enseñando algo el Espíritu Santo que tengas que cambiar, quizá una actitud, acción o aspecto de tu matrimonio que no le representa bien a Él? Si es así, ¿cuál?

¡No tienes por qué sentirte condenado o desesperanzado! Cualquier cosa que el Espíritu te muestre, Él lo quiere cambiar. Lo único que tienes que hacer es rendirte a Él y pedirle su ayuda.

Hay áreas en nuestras vidas que pueden crecer y en las que podemos aprender a representar mejor al Señor. ¿Cómo lo hacemos? ¡Mediante el empoderamiento de su Espíritu! A medida que recibes personalmente su amor, recibes la capacidad para amar a tu cónyuge y a quienes te rodean. Lee estos pasajes con detenimiento y escribe lo que el Espíritu Santo te revele acerca de recibir y crecer en su amor.

Romanos 5:5 | Efesios 3:16-19 | 1 Juan 4:7-17

Dios es amor, y todos los que viven en amor viven en Dios y Dios vive en ellos; y al vivir en Dios, nuestro amor crece hasta hacerse perfecto.
(1 Juan 4:16-17)

Devocional Día 4

UN NUEVO CORAZÓN

Les daré un corazón nuevo, y pondré un espíritu nuevo dentro de
ustedes. Quitaré el corazón de piedra de su cuerpo y lo reemplazaré
por un corazón conforme a la voluntad de Dios, no egocéntrico.
Pondré mi Espíritu en ustedes y posibilitaré que puedan hacer lo
que yo les diga y que vivan según mis mandatos.
(Ezequiel 36:26-27 MSG)

Quizá abordes el matrimonio con algunos temores o preocupaciones. Quizá las experiencias personales o las normas de nuestra cultura te han hecho ver el regalo del matrimonio como una carga. Quizá hayas endurecido tu corazón por temor al fracaso. Quizá tú también te hayas preguntado: "¿Estoy atascado?". Dios quiere romper cada barricada y darte un nuevo corazón, uno blando y sensible a su amoroso toque, para que puedas desarrollarte y cumplir su plan original.

No hay nada más importante para Jesús que tu corazón. Lee detenidamente sus palabras en Lucas 8:5-15. ¿Qué te está mostrando el Espíritu Santo en este pasaje? ¿Qué te está revelando sobre tu corazón?

La parábola del sembrador también se encuentra en Mateo 13:3-23 y Marcos 4:3-20.

Por ti mismo, no puedes saber lo que hay en tu corazón; pero el Señor puede *revelártelo* y *sanarlo*.

Toma un momento para meditar en estas verdades.

(…) pues el Señor escudriña todo corazón y discierne todo pensamiento. Si lo buscas, te permitirá que lo encuentres. (1 Crónicas 28:9 NVI)

El corazón es… un rompecabezas que nadie puede entender. Pero yo, Dios, busco en el corazón y examino la mente. Yo llego hasta el corazón humano. Llego a la raíz de las cosas. Las trato como realmente son, no como pretenden ser. (Jeremías 17:9-10 MSG)

Examíname, oh Dios, y conoce mi corazón; pruébame y conoce los pensamientos que me inquietan. Señálame cualquier cosa en mí que te ofenda y guíame por el camino de la vida eterna. (Salmos 139:23-24)

Haz una pausa y ora: *Señor, muéstrame qué hay en mi corazón respecto a mi matrimonio. Revélalo para que puedas sanarlo, en el nombre de Jesús.* Guarda silencio. Escucha lo que Él revele. Escríbelo y ríndelo a Él.

¿Necesitas un corazón nuevo, uno que esté dispuesto a recibir el amor y la gracia de Dios? Tu Padre celestial no te pediría que cumplieras su plan para el matrimonio sin darte la provisión para ayudarte a cumplirlo. ¿Por qué no pedirle su ayuda ahora? Puedes orar…

*Padre, gracias por el regalo del matrimonio. Libérame de todo lo que pudiera hacerme percibir mi matrimonio de manera incorrecta y, por lo tanto, perderme sus bendiciones. Dame un **nuevo corazón*** *que sea blando y sensible a tu toque. Dame* **nuevos ojos** *para ver mi matrimonio como tú lo ves. Ayúdame a creer lo mejor, y a no esperar lo peor. Ayúdanos a ponerte primero en todo lo que hagamos. Gracias, Padre. En el nombre de Jesús, amén.*

Devocional Día 5

LA GRANDEZA DEL MATRIMONIO

No todos son maduros para vivir una vida en matrimonio.
Requiere cierta aptitud y gracia...Pero si eres capaz de crecer
hasta la grandeza del matrimonio, hazlo.
(Mateo 19:11-12 MSG)

Agrandar. Significa aumentar, expandir, ensanchar o ampliar. Dios, el Creador del matrimonio, quiere usar tu unión como un instrumento de aumento. Si te rindes a su plan maestro, Él obrará mediante tu cónyuge para hacerte más como Jesús y capacitarte para abundar en todo lo que haces.

El hierro se afila con el hierro, y el hombre en el trato con el hombre.
(Proverbios 27:17 NVI)

Se dice que en el matrimonio los polos opuestos se atraen. Hay fuerza en esto: nuestras diferencias son lo que nos capacita para que seamos uno. Pero con el tiempo, las cosas que antes nos atraían pueden convertirse en cosas que ahora repelemos.

¿Cuáles son las tres mejores cualidades que primero te atrajeron de tu pareja? ¿Qué tres cosas son las que más te frustran ahora? ¿Hay alguna conexión?

Las 3 Mejores Cosas que   Las 3 Cosas que Más
Me Atrajeron   me Frustran

Recuerda: *sus diferencias deben servir para unir, no para dividir.*

El Espíritu de Dios habla palabras de sabiduría a ti y a tu pareja, y su consejo no siempre lo reciben cuando están orando juntos. A menudo Él hablará a uno de ustedes por separado sobre algo que ambos necesitan saber. Para tomar decisiones dirigidas y bendecidas por Dios, necesitan las ideas que Él ha depositado en cada uno de ustedes. Responde a estas preguntas honestamente:

¿Estoy abierto o cerrado a las ideas (sabiduría, dirección, crítica constructiva) de mi pareja en mi vida?

¿En qué áreas estoy abierto a sus ideas? ¿En qué áreas estoy cerrado? ¿Por qué?

La pareja que Dios te ha dado es una gran contribución para formarte en la persona que eres hoy. Nombra al menos un cambio positivo en tu carácter o cualidad de vida que haya sido fruto de tu relación con tu cónyuge. ¿Cómo Dios está usando esto actualmente para agrandar tu vida?

¿Alguna vez le has dado gracias a tu cónyuge por ayudar a afilar y agrandar tu vida? Si no, dedica ahora un tiempo para expresarle sinceramente tu aprecio.

PREGUNTAS DE DISCUSIÓN

Si estás usando este libro como parte de la Serie Messenger sobre
La Historia del Matrimonio, *por favor, consulta la sesión 1 del video.*

1. Desde el comienzo, el matrimonio fue una idea de Dios. Él lo hizo
    y Él tiene un plan y propósito para él. Lee detenidamente Génesis
    1:27-28, 31 y Malaquías 2:15. Identifica cinco cosas que Dios quiso
    para el matrimonio. A su lado, escribe cinco falsas perversiones que
    Satanás quiere producir en su lugar.

PROPÓSITOS DE DIOS	FALSEDADES PERVERTIDAS DE SATANÁS

2. Los buenos matrimonios impactan las vidas de aquellos a los que
    alcanzan. ¿Puedes nombrar una pareja que esté viviendo bien el
    matrimonio? ¿Cómo están dando un buen nombre al amor? ¿Qué
    puedes aprender de ellos para ayudarte a guardar el espíritu de tu
    matrimonio?

3. En Mateo 19:6, Jesús dijo: *"Como Dios creó esta unión orgánica de los
    dos sexos, nadie debería profanar su arte separándolo"* (MSG). Cuando
    escuchas la palabra *orgánico*, ¿qué viene a tu mente? ¿Cómo te ayu-
    dan estas ideas a ver el matrimonio con una luz fresca y positiva?

4. En Mateo 19:10-12, Jesús dijo: *"No todos son maduros para vivir una vida en matrimonio. Requiere cierta aptitud y gracia. El matrimonio no es para todos... Pero si eres capaz de crecer hasta la grandeza del matrimonio, hazlo".* (Mateo 19:10-12 MSG). ¿Cómo se ve la *grandeza* del matrimonio? ¿Cómo la podemos experimentar?

5. El matrimonio es santo y ha de ser un pacto entre un hombre y una mujer para toda la vida. ¿Qué has escuchado en esta sesión que te motive a luchar por tu matrimonio? ¿Qué ideas te han dado una nueva perspectiva positiva?

6. Jesús dijo que *"la luz del cuerpo es el ojo"* (ver Mateo 6:22). Es decir, tu modo de ver las cosas es vital, ya que se convierte en tu realidad. Esto es especialmente cierto en el matrimonio. ¿Qué sucederá si tienes un punto de vista que dice: "Estoy estancado"?

Las Escrituras dicen que estamos en una lucha espiritual (ver Efesios 6:12-13 y 2 Corintios 10:3-4). ¿Cómo te ayuda esto a ver los desacuerdos y las dificultades con tu cónyuge bajo otra luz?

7. *La Historia del Matrimonio* pretende ayudar tanto a los que están comprometidos o solteros como a los que ya están casados. Sea cual sea la condición que te describa, ¿qué esperas recibir de este estudio?

Si tú estás (o has estado) casado, ¿qué te hubiera gustado saber antes de dar el "sí, quiero"? ¿Qué palabras de sabiduría puedes ofrecer a quienes no están casados en tu grupo?

RESUMEN DEL CAPÍTULO:

- Dios creó el pacto del matrimonio antes de crear cualquier otra institución. Él lo definió, y su definición nunca ha cambiado.

- Los matrimonios piadosos han de ser como árboles de vida. Debemos modelar el amor de Dios como embajadores a través de Aquel que ofrece restauración de todo lo que se perdió en el Edén.

- Guarda el espíritu de tu matrimonio invitando a Dios a cada parte del mismo. Él te dará un corazón nuevo para recibir y dar su amor, y nuevos ojos para ver tu matrimonio desde el punto de vista de Él.

- El egocentrismo es el mayor obstáculo para experimentar y disfrutar del maravilloso matrimonio que Dios quiere que tengas.

- Un ataque contra el matrimonio es un ataque contra el modo en que Dios se relaciona con su pueblo.

- Dios creó el matrimonio para agrandar cada área de nuestra vida.

Comenzar Con el Final en Mente

Día 1

¿**A**lguna vez te has dado cuenta de que la mayoría de películas y libros románticos solo se centran en el comienzo de una historia de amor? Piensa en tu clásico romántico favorito. (Nos damos cuenta de que esto será más fácil para algunos de ustedes que para otros.) ¿Cuál es la trama? ¿Está marcada por una tensión emocional expresada en el baile del cortejo? ¿Estás pegado al borde de tu asiento a medida que la película te burla con cambios que impiden que los tortolitos disfruten de su primer beso culminante? Claro, hay reveses temporales, un competidor, una trama intensa o un trauma inesperado, pero todos sabemos cómo terminará finalmente. A pesar de los problemas que amenazan con separarlos, los románticos amantes encuentran la forma de prevalecer y la historia se termina con un: "Y vivieron felices".

Sabemos que *vivieron felices*, pero ¿cómo? Un comienzo maravilloso es la parte fácil. Lo difícil viene al diseñar el tramo medio y el final de la historia.

Es evidente que nuestra cultura tiene una obsesión torcida con cómo comienzan las historias de amor. Quizá una pareja pasa innumerables horas planificando su boda, pero muy poco tiempo planeando los años que seguirán tras la ceremonia. Puede que una novia pase muchas horas buscando el vestido perfecto, mientras dedica muy poco tiempo a la consejería prematrimonial. Por consiguiente, la pareja está muy falta de preparación cuando se termina el cuento de hadas y se ven navegando por una relación real con problemas muy reales.

Los días de las bodas son para estar llenos de esperanza, belleza y celebración; sin embargo, la esperanza y belleza a largo plazo se ven mejor cuando la pareja invierte el mismo fervor al planificar su final feliz que celebrando su comienzo. *Y vivieron felices* no es algo que nos encontramos; es un destino que debemos perseguir con determinación y construir cuidadosamente.

Mira a tu alrededor y localiza un objeto de belleza, alguno que fuera diseñado hábilmente por la ingenio humano. Quizá sea una casa, un automóvil o incluso la silla en la que estás sentado. Sea lo que sea, es una obra de artesanía muy bien pensada; quizá no te das cuenta de que ese objeto realmente fue construido dos veces, una cuando se diseñó de manera creativa en la mente, y de nuevo cuando el diseño se materializó. El diseño cognitivo siempre precede a la construcción material. El primer montaje requiere una visión clara del resultado deseado; el segundo emplea materiales y trabajo para conseguirlo. Todo lo que construimos, ya sea tan simple como un *sándwich* o tan complejo como un rascacielos, primero se imagina antes de materializarlo.

Tú no soñarías con edificar una casa sin ningún plano. ¡Sería un caos! Cada casa bonita comienza con un diseño bien pensado. Solo después de bosquejar el plano podrá construirse la casa, mediante un duro trabajo y con los materiales correctos.

Los planos también son esenciales a la hora de determinar el costo de la construcción. ¿Estarías cómodo construyendo un hogar sin primero saber cuánto te costará? Jesús hizo esta pregunta cuando nos enseñaba sobre cómo deberíamos construir nuestra vida:

> *Sin embargo, no comiences sin calcular el costo. Pues, ¿quién comenzaría a construir un edificio sin primero calcular el costo para ver si hay suficiente dinero para terminarlo? De no ser así, tal vez termines*

solamente los cimientos antes de quedarte sin dinero, y entonces to-
dos se reirán de ti. Dirán: "¡Ahí está el que comenzó un edificio y no
pudo terminarlo!" (Lucas 14:28-30)

Lo que ocurre con la construcción de un edificio también ocurre con
la creación de un matrimonio. Así pues, ¿qué tipo de matrimonio estás
construyendo? ¿Has calculado el costo y has pensado bien lo que te su-
pondrá edificar ese matrimonio?

Dios no quiere que nuestros matrimonios terminen en dolor o vergüenza. No quiere que abandonemos antes de terminarlo. Ya sea que tu matrimonio esté recién comenzado o hayas estado luchando durante años,
nunca es demasiado tarde para aceptar el plan de Dios. En Él, descubrimos la visión, las herramientas y el poder necesarios para construir
matrimonios que reflejen su grandeza. La asombrosa verdad es que Dios
desea aún más que tú que tengas un final feliz, la construcción completa
de su obra.

Este capítulo contiene verdades que te prepararán para planificar, y, por
lo tanto, vivir bien tu historia. Compartiremos lo que hicimos nosotros
al comienzo de nuestro matrimonio que sirvió para establecer un fundamento sólido para soportar las tormentas de la vida, y te equiparemos y
comisionaremos para trazar un plan que te lleve a tener un *y vivieron fe-*
lices. Comenzaremos con principios y terminaremos con lo más práctico.
Este capítulo no es solo para los recién casados o los que aún no se han
casado. Matrimonios veteranos, ustedes también pueden beneficiarse de
echar un vistazo fresco a su relación. ¡Nosotros lo hicimos!

Dios Comienza Con el Final en Mente

Sería necio entrar en una relación de pacto sin primero preguntar: "¿Por
qué estamos haciendo esto y hacia dónde vamos?". Todo pacto debería
tener una visión correspondiente. Pensemos en Dios, por ejemplo. Él
tenía un propósito específico en mente cuando escogió hacer un pacto
con Abraham.

¿Por qué crees que Dios escogió a Abraham para que fuera el padre de su pueblo escogido? Cuando hacemos esta pregunta, la respuesta más común es: "Porque él tenía mucha fe". Aunque la fe es esencial para colaborar con el plan de Dios, no es la razón por la que Dios escogió a Abraham. Dios escogió a Abraham porque sabía que él enseñaría a sus descendientes a seguir al Señor:

> Yo lo escogí *a fin de que él ordene a sus hijos y a sus familias* que se mantengan en el camino del Señor haciendo lo que es correcto y justo. Entonces yo haré por Abraham todo lo que he prometido. (Génesis 18:19, énfasis añadido)

Cuando Dios escogió a este nómada sin hijos, miró más allá de Abraham y vio su linaje. Era crucial para Dios que Abraham "ordenara a sus hijos que se mantuvieran en el camino del Señor" porque Dios quería tejer su historia de redención a través del linaje de Abraham. Él sabía que Abraham y Sara cometerían errores, pero también sabía que ellos tenían la materia prima adecuada. Siempre que Dios establece un pacto con nosotros, está pensando generacionalmente porque Él ya ha visitado el mañana y sabe lo que tiene que ocurrir hoy para llevarnos hasta allí.

El pacto que Dios hizo con Abraham se amplió hasta llegar a nuestras vidas también. Por la fe, Abraham fue transformado de ser un hombre sin hijos a ser uno con descendientes tan numerosos como las estrellas. El hombre que antes era un nómada sin una nación se convirtió en un padre de la fe para todas las naciones.

> Pues Abraham sin duda llegará a formar una nación grande y poderosa, y todas las naciones de la tierra serán bendecidas por medio de él. (Génesis 18:18)

Nuestra vida quizá tenga un aspecto distinto a la de Abraham, pero el principio es el mismo. Dios busca personas que intencionalmente permiten que el pacto de Dios se extienda a través de ellos. Tu historia se trata de algo más que solamente tu cónyuge y tú.

Solo el cielo revelará el impacto total del pacto de Dios expresado mediante tu relación con Él. Él desea alcanzar cada vida que pase por ti (tu legado) y cada vida que cae dentro de tu esfera de influencia. Esto significa que tienes que aceptar una visión que no termine contigo y que no esté ceñida a tu limitado entendimiento. La intención de Dios para tu historia siempre incluirá a las generaciones venideras.

Día 2

Hijos de Dios

Dios, y no tú, hizo el matrimonio. Su Espíritu habita incluso en los detalles más pequeños del matrimonio. ¿Y qué quiere él del matrimonio? Hijos de Dios, esto es (…) (Malaquías 2:15 MSG, énfasis añadido)

Hijos de Dios. Eso es lo que Dios está buscando del matrimonio. ¿Significa esto que Él está buscando más bebés para poblar la tierra? Sí y no.

Malaquías 2:15 no dice que Dios quiere matrimonios para producir *hijos*. Dice que Él quiere producir *hijos de Dios*. Dios desea hijos, de cualquier edad, que lo glorifiquen y anden en sus caminos. Recuerda: somos sus embajadores. Su meta es revelarse a nosotros y a través de nosotros.

El *Catecismo Menor de Westminster* dice: "La finalidad principal de la existencia del hombre es glorificar a Dios, y gozar de Él para siempre". ¡Nos encanta esto! *Glorificar* no es una palabra común usada en el lenguaje de cada día; debido a su frecuente uso en las Escrituras, se ve como algo espiritual y desconocido. *Glorificar* simplemente significa que damos a conocer a Dios. El deseo de Dios es ser conocido a través de nuestra vida, matrimonio y legado. Y no hay mejor catalizador que el matrimonio para hacernos crecer como hijos de Dios.

Incluso si nunca has criado a un hijo, Dios quiere usar tu matrimonio para hacerte un hijo de Dios. Él quiere refinarte para hacer de ti un agente de su gloria y moldearte a imagen de su Padre. Compartir tu vida con otra persona crea muchas oportunidades para que te parezcas más a Dios. Hemos descubierto que, con mucha frecuencia, el buen carácter no está englobado en los océanos de dicha; se forja en el horno del fuego matrimonial.

Yo (John) asemejo el matrimonio a un horno y nuestras vidas a una aleación, o mezcla, de un metal precioso. ¿Qué hace un horno ardiente a una aleación? Expone sus impurezas. Mi anillo de bodas puede parecer de oro puro, pero casi el cincuenta por ciento del mismo está compuesto de otras sustancias. Si pusiera mi anillo en un horno, esas impurezas serían expuestas. De forma similar, los retos que encontramos en el matrimonio, desde desacuerdos triviales a tiempos profundamente difíciles, revelarán impurezas en nuestra vida. (Algunas impurezas requieren más calor que otras para ser reveladas.)

Cuando el matrimonio revela implacablemente nuestras imperfecciones, es fácil culpar a nuestros cónyuges. Cuando nos encontramos frustrados con nuestros cónyuges porque están agravando nuestras "debilidades", deberíamos agradecer a Dios que el matrimonio nos está haciendo más como Jesús. ¿No es esa la meta final?

Encontrar Propósito en Tiempos Difíciles

Sabemos que nuestra analogía del horno no es muy emocionante, pero el viaje hacia un final feliz está lejos de ser un cuento de hadas. A veces, tu historia te parecerá cada vez menos un paseo hasta el atardecer y más la escalada del monte Everest.

Los que se atreven a caminar por las laderas del Himalaya para hacer la rigurosa y desafiante subida al Everest deben hacerlo con dos cosas en mente. Primero, deben saber que el desafío probará los límites de sus capacidades emocionales y físicas. Esos hombres y mujeres osados no conocen todas las particularidades de los peligros que se les avecinan, pero saben que los desafíos vendrán. Segundo, deben recordar su meta: ascender el pico más alto del mundo. Para ellos, la victoria está claramente definida como llegar a los 8.850 metros sobre el nivel del mar. Sin conocer este objetivo, estos aventureros rápidamente se darían la vuelta al encontrarse con su primer obstáculo significativo.

Lo mismo se aplica al matrimonio. Si reconocemos que los desafíos son una parte inherente a la hora de establecer nuestras historias, entonces no nos veremos aplastados cuando nuestras capacidades emocionales, físicas y espirituales sean probadas. Si comenzamos y construimos con el fin en mente, no lo abandonaremos cuando nos encontremos con problemas graves.

Cuando enseñaba sobre la madurez espiritual, Jesús dijo que la *tribulación* y la *persecución* vendrían contra los que crean en la Palabra de Dios (ver Marcos 4:17). En el griego original, estas palabras son *thlipsis* y *diogmos*. *Thlipsis* es "problemas que provocan angustia, opresión, aflicción, tribulación".[1] *Diogmos* es "un programa o proceso diseñado para acosar y oprimir a alguien".[2] Ninguna de estas palabras suena divertida, pero estas fuerzas facilitan nuestro crecimiento en Dios. Pablo se hizo eco de las palabras de Jesús:

> *También nos alegramos al enfrentar pruebas y dificultades [thlipsis] porque sabemos que nos ayudan a desarrollar resistencia. Y la resistencia desarrolla firmeza de carácter, y el carácter fortalece nuestra esperanza segura de salvación. Y esa esperanza no acabará en desilusión. Pues sabemos con cuánta ternura nos ama Dios, porque nos ha dado el Espíritu Santo para llenar nuestro corazón con su amor.* (Romanos 5:3-5)

Pablo escribió que deberíamos *alegrarnos* en los problemas y en las pruebas. ¿Por qué? Las pruebas crean una oportunidad para que podamos desarrollar fuerza de carácter. Los problemas nos posicionan para llegar a ser más como Dios. Y podemos alentarnos sabiendo que Dios nos ama y siempre está buscando lo mejor para nosotros, tanto que nos ha dado su Espíritu para llenar nuestro corazón con amor incluso en medio de nuestros mayores problemas.

La Escritura también deja claro que Dios no es quien provoca nuestros problemas. Satanás es el que está detrás de la tribulación y la persecución (ver Marcos 4:15 y Santiago 1:12-13), pero Dios usará las tácticas del enemigo contra él. En manos del gran Redentor, lo que tenía la intención de alejarnos de Dios se convierte en una herramienta para hacernos más como Él.

Recuerda: el enemigo odia el matrimonio y todo lo que representa. Él hará lo que sea necesario para dividir nuestras uniones y cargarlas de unas pruebas aparentemente insoportables. Tener una visión para nuestra unión, y fe en que Dios nos sacará de las dificultades, nos llena de esperanza para contrarrestar sus ataques. Dios no quiere que nosotros nos limitemos a sobrevivir ante los ataques contra nuestro matrimonio. Él quiere que seamos más fuertes por medio de ellos. La clave es recordar la razón de nuestra lucha (el propósito de Dios), contra quién estamos luchando (Satanás), y quién está a nuestro lado (el Espíritu de Dios). Nuestra fe y esperanza son de hecho fortalecidas mediante los desafíos, siempre que no nos rindamos antes de que Él termine su obra en nosotros.

El "Y Vivieron Felices" de Jesús

Jesús sufrió más profundamente que cualquier otro ser humano. Él, el Dios perfecto, se hizo carne como uno de nosotros para sufrir el dolor y la humillación de una injusta muerte mortal. Él nos abrió el camino para que pudiéramos ser reconciliados con Dios, aunque la mayoría de la humanidad le sigue rechazando.

¿Cómo pudo soportar Jesús un dolor y rechazo tan inmensos? La respuesta es simple, pero maravillosamente profunda: Él nunca perdió de vista su "y vivieron felices". En su ejemplo, encontramos un bosquejo para escribir nuestras historias:

> Mantén tus ojos en Jesús, quien comenzó y terminó esta carrera en la que nos encontramos. Estudia cómo lo hizo. Como él nunca perdió de vista hacia dónde iba, esa emocionante meta en y con Dios, pudo soportar todo durante su camino: la cruz, vergüenza, cualquier cosa (Hebreos 12:2 MSG).

Jesús soportó porque sabía hacia dónde iba. Miró más allá del sufrimiento y vio la promesa.

La Nueva Traducción Viviente escribe así Hebreos 12:1-2:

> *Y corramos con perseverancia la carrera que Dios nos ha puesto por delante. Esto lo hacemos al fijar la mirada en Jesús, el campeón que inicia y perfecciona nuestra fe.* **Debido al gozo que le esperaba, Jesús soportó la cruz...** *(énfasis añadido)*

¿Has entendido eso? *"Debido al gozo que le esperaba"*. ¿Le emocionaba a Jesús tener que sufrir la cruz? Por supuesto que no. Estaba tan angustiado que pasó la noche antes de su ejecución rogándole al Padre un camino alterno. Pero Jesús tenía algo que falta en muchos matrimonios. Tenía una visión extraordinaria. Podía ver más allá de sus circunstancias y contemplar el poder y la promesa que obtendría mediante sus decisiones. Y ¿qué era lo que miraba Jesús? Encontramos la respuesta en Efesios 5:

> *Él entregó su vida por ella [su iglesia] a fin de hacerla santa y limpia al lavarla mediante la purificación de la palabra de Dios.* **Lo hizo para presentársela a sí mismo como una iglesia gloriosa,** *sin mancha ni arruga ni ningún otro defecto. Será, en cambio, santa e intachable* (versículos 25-27, énfasis añadido).

Nosotros somos el "y vivieron felices" de Jesús. Nosotros éramos el gozo puesto delante de Él. Jesús soportó la cruz para poder reconciliarse con nosotros, su novia. La iglesia ahora puede abrazarlo a Él sin sentir vergüenza por su anterior condición penosa, porque en Él tenemos una nueva identidad. Esta es la clase de perseverancia, misericordia y amor incondicional que debería estar presente en nuestros matrimonios. Pero es necesaria una visión, la esperanza de lo que podría ser, para sostenernos en los desafíos.

El escritor de Hebreos continúa con esta exhortación:

> *Cuando vean que se encuentran flaqueando en su fe, revisen esa historia otra vez, cosa por cosa, esa larga letanía de*

hostilidad que él soportó. ¡Eso infundirá adrenalina en su alma! (Hebreos 12:3 MSG).

Todos sentimos debilidad en nuestra fe de vez en cuando. Por eso el escritor de Hebreos dice *cuando*, y no *si*, ven que se encuentran flaqueando en su fe. Para tener un gran matrimonio es necesaria una gran fe, porque ser *fieles* es estar *llenos de fe*. Cuando tu matrimonio esté pasando dificultades, recuerda lo que Cristo soportó; vuelve a repasar su historia. Tus dificultades momentáneas, por muy dolorosas que sean, no son nada comparado con la cruz. Cuando tu fidelidad a tu cónyuge decaiga, acuérdate de la fidelidad de Jesús hacia ti: recuerda todo lo que Él sufrió para reconciliarse contigo. ¡Su ejemplo infundirá adrenalina a tu alma!

Día 3

Creer lo Mejor

"Yo soy Dios… y nada hay semejante a mí, que anuncio lo por venir desde el principio." (Isaías 46:9-10 RVR 1960)

Parece trivial escribir que "no hay nadie como nuestro Dios", pero muy a menudo se nos olvida el poder y la verdad de esa declaración. Como hijos de Dios, estamos invitados a ser más semejantes a Él y a incorporar su naturaleza. Por la fe podemos convertirnos en futuros moldeadores, moldeando nuestra vida, nuestros hijos y matrimonios al declarar el final desde el principio.

Hemos dejado claro a estas alturas que *y vivieron felices* no es algo que sucede de la nada; es algo que construimos intencionalmente. La siguiente pregunta obvia es: ¿Cómo edifico yo mi final feliz? Quizá hayas leído estos versículos incontables veces, pero vuelve a leerlos de nuevo:

Es, pues, la fe la certeza de lo que se espera… Por la fe entendemos haber sido constituido el universo por la palabra de Dios, de modo que lo que se ve fue hecho de lo que no se veía. (Hebreos 11:1, 3 RVR 1960)

Nuestra meta es edificar un *y vivieron felices* que no existe aún, y la fe es el material de construcción de lo que aún no es una realidad.

Dios creyó en nosotros antes de que hiciéramos nada por lo que valiera la pena creer en nosotros. Él tiene una gran fe en ti porque tiene una gran fe en sí mismo. Él sabe que su poder puede lograr cualquier cosa en tu vida. Lo único que nos impedirá disfrutar del expansivo poder de Dios es la incredulidad, la cual está finalmente arraigada en el orgullo.

El orgullo se manifiesta como arrogancia o confianza extrema en nuestra propia capacidad. Hay también una forma más sutil de orgullo que se disfraza de odio a uno mismo. En cualquier forma, es una renuncia a aceptar todo lo que el magnífico poder de Dios compró a través de la obra consumada de Cristo en la cruz. Jesús murió para hacerte extraordinario. "Quizá nos contentemos", escribió C. S. Lewis, "con seguir siendo lo que nosotros llamamos 'personas ordinarias': pero Él está decidido a llevar a cabo un plan distinto. Apartarse de ese plan no es humildad; es pereza y cobardía. Someterse a él no es arrogancia o megalomanía; es obediencia".[3] Aceptamos la asombrosa vida que Dios nos ofrece cuando elevamos nuestras opiniones al nivel de su provisión.

¿Crees que eres digno de un gran matrimonio? Quizá tengas estos pensamientos rodando por tu mente:

> Tengo demasiado equipaje.
> No provengo de una buena familia.
> Mis padres no lo consiguieron.
> Siempre he cometido muchos errores.
> Tengo que contentarme solamente con sobrevivir.

En caso de que no lo hayas notado, a Dios le encantan los desafíos; pero la falta de fe limitará el efecto de su poder en nuestra vida. Una revelación de su grandeza nos inspira a confiar en Él, mientras que a la vez nos mantiene humildes. La humildad abre la puerta para lo mejor de Dios para nuestra vida. Isaías 55:8-9 declara:

Porque mis pensamientos no son vuestros pensamientos, ni vuestros caminos mis caminos, dijo Jehová. Como son más altos los cielos que la tierra, así son mis caminos más altos que vuestros caminos, y mis pensamientos más que vuestros pensamientos.

También podrías aceptar que Dios es más listo, más perceptivo y más capaz que tú. "En Dios", escribió Lewis, "te enfrentas a algo que es en todos los sentidos inmensurablemente superior a ti mismo".[4] Debes creer esto si quieres acceder a los materiales esenciales para un gran matrimonio.

Al margen de cuál pensemos nosotros que es el potencial de nuestro matrimonio, Dios tiene un sueño vastamente más grande. No solo lo ha pensado mucho, sino que también ha hecho grandes planes.

Porque yo sé los pensamientos que tengo acerca de vosotros, dice Jehová, pensamientos de paz, y no de mal, para daros el fin que esperáis. (Jeremías 29:11 RVR 1960)

Esta promesa nos presenta dos opciones: creer que esta afirmación es cierta y aceptar la visión de Dios para nuestro matrimonio, o suponer que Él es un mentiroso. Cuando Dios mira el futuro de tu unión, ve la expresión de su Hijo. La única forma en la que esta visión se materializará es recibiendo su gracia (empoderamiento) mediante la humildad y la fe. Aunque el *y vivieron felices* es algo que planeamos, no está limitado por nuestra propia fortaleza. Es una expresión del amor de Dios logrado por su Espíritu que obra a través de nosotros.

Quizá pienses: *Estoy bastante seguro de que Dios se ha cansado de mi matrimonio. No hay esperanza para nosotros. No tenemos visión para el futuro. Hemos perdido ese sentimiento de amor.*

¿Es posible que te sientas así porque has trabajado en tus propias fuerzas? Intercambia tus esfuerzos y sueños para tu matrimonio por los de Dios. Al confiarle tu matrimonio a Él, Él tomará tus sueños, les infundirá vida, y plantará una versión celestial dentro de tu corazón.

Esto significa, esposo, que Él te empoderará para amar a tu esposa como Cristo ama a la iglesia, olvidando todo egocentrismo. Esposa, Él de la misma manera te capacitará para respetar a tu esposo. De esta forma, ambos estarán en posición de crecer hasta la grandeza del matrimonio.

La Biblia deja claro que sin fe es imposible agradar a Dios (ver Hebreos 11:6). ¿Por qué a Dios le gusta tanto la fe? Porque a través de la fe en Él recibimos el poder para ser como Él, y no hay mejor existencia que una vida semejante a la de Dios. Él se deleita en tu placer, y no estamos hablando de la alegría transitoria. Lo que estamos describiendo es el gozo, la satisfacción y la plenitud duraderos. Dios quiere lo mejor de Él para tu matrimonio, y lo mejor de Él solo se establece en la unión que encuentra su sustancia en Él.

El Plano

La fe y la esperanza a menudo se confunden como si fueran lo mismo, pero son cosas distintas. Si la fe es el material de construcción de un gran matrimonio, la esperanza es el plano. Para decirlo de otra forma, la esperanza es como un molde, y la fe es lo que lo llena. Sin esperanza, la fe es sustancia sin forma, casi tan útil como los materiales de construcción sin un plano.

Recordarás que Dios escogió personalmente a Abraham como el recipiente de un pacto con una meta concreta: que Abraham instruiría a sus descendientes en el camino del Señor. Abraham no tenía hijos cuando Dios lo llamó a esta promesa, pero el Señor le aseguró que sería el padre de una gran nación.

Abraham era un hombre de fe extraordinaria, alguien de quien la Escritura dice: *"Tampoco dudó, por incredulidad, de la promesa de Dios"* (Romanos 4:20). Y, aun así, en Génesis 15 encontramos que él luchó con el desánimo antes de entrar en el ámbito de la fe.

Vino la palabra de Jehová a Abram en visión, diciendo: No temas, Abram; yo soy tu escudo, y tu galardón será sobremanera grande. Y respondió Abram: Señor Jehová, ¿qué me darás, siendo así que ando sin hijo, y el mayordomo de mi casa es ese damasceno Eliezer? Dijo

también Abram: Mira que no me has dado prole, y he aquí que será
mi heredero un esclavo nacido en mi casa. Luego vino a él palabra
de Jehová, diciendo: No te heredará éste, sino un hijo tuyo será el que
te heredará. Y lo llevó fuera, y le dijo: Mira ahora los cielos, y cuenta
las estrellas, si las puedes contar. Y le dijo: Así será tu descendencia.
Y creyó a Jehová, y le fue contado por justicia. (Génesis 15:1-6)

Se podría haber esperado que Dios le diera a Abraham una nueva medida de fe, pero en su lugar le dio a la fe de Abraham una visión a la
que aferrarse. Eso fortaleció su fe al darle una estructura a su esperanza.
Dios invitó a Abraham a salir para contar las estrellas. El cielo nocturno
pintaba un mosaico estelar para su fe cuando las innumerables estrellas
que había sobre él se transformaron en los rostros de niños en la pantalla de su mente. En lugar de simplemente decirle a Abraham que sus
descendientes serían tan innumerables como las estrellas, Dios le dio a
su destino un ilustración constante, vibrante y física. A través de esta
muestra celestial, la visión de Dios quedó plasmada en la imaginación
de Abraham.

Del mismo modo, Dios quiere usar tu imaginación para impartir su visión para tu matrimonio, porque donde hay visión hay esperanza. Por
ello Pablo nos animó a desechar cualquier argumento que se exalte por
encima del conocimiento de Dios (ver 2 Corintios 10:4-5). Debes proteger el lienzo de tu mente porque determinará la naturaleza y el valor de tus acciones. Piensa en tu imaginación como en la pizarra para la
esperanza.

Dios ha prometido llenarnos de esperanza, pero ¿cómo accedemos a ella?
Es en oración como su Espíritu infunde a nuestro espíritu esa esperanza
trascendente.

Y el Dios de esperanza os llene de todo gozo y paz en el creer,
para que abundéis en esperanza por el poder del Espíritu Santo.
(Romanos 15:13)

Dios es nuestra fuente de esperanza. Si pedimos, Él nos llenará de gozo
y paz, que es lo que todos queremos tener en nuestro matrimonio. Al

acudir a Él en humildad, rebosaremos con una esperanza firme a través del poder de su Espíritu. ¡Qué promesa!

Proverbios 29:18 nos dice que sin visión pereceremos. Sin duda, nuestro matrimonio sin la visión divina está carente de vida. Así que ¡te retamos a soñar a lo grande! Al prepararte para escribir tus sueños y metas, ora para que Dios despierte tu corazón al plan de Él.

Día 4

El Restaurante Chino

Cuando éramos recién casados, teníamos un lugar especial donde nos gustaba ir a hablar de nuestro futuro. Era un pequeño restaurante chino que había cerca de nuestro apartamento. Acabábamos de terminar la universidad, y nuestra economía era tan justa que compartíamos un plato de pollo *mu shu* con un extra de tortitas y salsa de ciruela. Era un entorno tranquilo y humilde, aunque extranjero, que animaba a una pareja a atreverse a soñar con tierras y esperanzas lejanas mientras tomaban unas tazas de té.

En ese entonces no sabíamos mucho, pero estábamos seguros de una cosa: queríamos servir a Dios juntos con todo nuestro corazón, toda nuestra mente y todas nuestras fuerzas. Deseábamos apasionadamente vivir bien la vida y la familia. Sería correcto decir que no sabíamos a dónde viajaríamos o aterrizaríamos en la vida, pero sabíamos cómo queríamos viajar. Queríamos vivir de tal modo que Dios pudiera establecer un nuevo legado a través de nosotros.

Yo (John) vengo de un gran trasfondo familiar. Mis padres llevan casados más de sesenta y cinco años. Mi padre ha amado y provisto fielmente a nuestra familia, y mi madre es la imagen de la típica ama de casa. Mis padres me han modelado muchas cosas maravillosas sobre el matrimonio y la vida, y estaré eternamente agradecido por su ejemplo.

Yo (Lisa) vengo de una dinámica familiar muy distinta. Los padres de John parecen perfectos comparados con mi familia, la cual fue golpeada por el alcoholismo, adulterio, abuso, traición, avaricia, pérdida y divorcio. Cuando John y yo comenzamos nuestra vida juntos, era obvio que yo no tenía ningún entendimiento experimental de lo que era una familia saludable, pero tenía un desesperado anhelo de ser parte de una.

Mientras hablábamos en ese restaurante chino, sabíamos que queríamos vivir el matrimonio de otra forma. Aunque sentíamos un gran respeto por la forma en que los padres de John habían vivido el matrimonio, su modelo no era el indicado para nosotros. Ambos sabíamos que había algo más en el matrimonio que lo que habíamos visto; había un llamado divino sobre la institución misma. El matrimonio no consistía solo en estar juntos durante el resto de nuestra vida, sino que también se trataba de construir un legado eterno a través de nuestra unión. Por supuesto, eso incluía a nuestros hijos y a los hijos de nuestros hijos, pero incluiría también influenciar muchas otras vidas.

Comenzamos a dibujar una visión para nuestro matrimonio. Nos hicimos preguntas el uno al otro, establecimos parámetros y soñamos todo lo grande que pudimos. Acordamos que nuestra meta principal sería servir a Dios juntos y honrarlo con nuestras decisiones. Todo lo demás tendría que pasar por ese filtro.

Durante el transcurso de treinta y dos años de matrimonio, hemos experimentado etapas en las que la única razón por la que decidimos seguir juntos era por nuestro compromiso de honrar a Dios. Hubo un periodo de tiempo en el que yo (Lisa) no *sentía* amor por John, y John, de hecho, me dijo que él no sentía amor por mí. Él estuvo inmerso en un ritmo de viajes muy intenso mientras yo me quedaba con nuestros niños pequeños.

Para ser sincera, no veía esperanza para el amor en el futuro. Mi alma estaba marcada por una etapa de dolor, y me sentía muy abandonada, tanto emocionalmente como físicamente. Si alguna vez hubiera considerado el divorcio como una opción, alegremente habría seguido esa ruta en aquella etapa. No tenía visión para nuestro matrimonio, tan solo una sombra de lo que podía haber sido que se desvanecía. En cierto punto, de hecho, pensé: *Dios, seguiré en este matrimonio siempre y cuando me prometas que no tendré que vivir con John en el cielo.* Me sentía muy sola, y es difícil para las esposas de los ministros compartir su dolor con alguien.

Yo (John) también luché con la desesperanza en ese tiempo. Sentía que no podía hacer nada bien a los ojos de Lisa, y creía que mi valoración era precisa debido a la falta de respeto y las fuertes palabras con las que me hablaba. Íbamos cayendo en picada muy rápidamente, y ninguno de nosotros veía potencial para que el amor, el respeto o el cuidado fueran restaurados.

El dolor emocional y espiritual de esa etapa parecía insoportable. Era horrible, pero fue solo una etapa, y las etapas cambian. El tiempo de llorar puede durar toda una larga noche, pero tenemos la promesa de Dios de que el gozo viene en la mañana (ver Salmos 30:5). Mirando atrás, ese periodo de tiempo parece surrealista, como si le hubiera pasado a otra pareja. Por la gracia de Dios, permanecimos fieles a nuestra meta de honrar a Dios. Mediante un arrepentimiento genuino por nuestro egoísmo, junto con la obediencia a la sabiduría divina, hemos visto que nuestro matrimonio y nuestro amor se han fortalecido muchísimo.

Una de las fuerzas impulsoras que nos mantuvo en medio de esa difícil etapa fue nuestra visión de la vida. No la veíamos como una etapa de tiempo de setenta u ochenta años, sino más bien a través de una perspectiva eterna. Setenta u ochenta años solo es neblina comparado con la eternidad. La Escritura nos enseña que lo que hacemos con la cruz determina *dónde* pasaremos la eternidad; sin embargo, la forma en que vivimos como creyentes determina *cómo* pasaremos la eternidad. Pablo escribe:

> *Y más quisiéramos estar ausentes del cuerpo, y presentes al Señor... Porque es necesario que todos nosotros comparezcamos ante el tribunal de Cristo, para que cada uno reciba según lo que haya hecho mientras estaba en el cuerpo, sea bueno o sea malo* (2 Corintios 5:8,10).

Está claro que Pablo no está escribiendo acerca de los incrédulos, porque cuando los incrédulos están ausentes del cuerpo, no están en la presencia del Señor. Se está dirigiendo a los que han entrado en la familia de Dios mediante la gracia salvífica de Jesucristo. Un día estaremos delante de Él y daremos cuenta de las decisiones que tomamos y de la forma en que vivimos como creyentes. Los juicios que Cristo haga resultarán en recompensas eternas o en pérdidas eternas, con un abanico de posibilidades que oscilaría entre que el trabajo de nuestra vida se queme hasta ver ese trabajo eternamente recompensando e incluso reinar junto a Él por toda la eternidad. El conocimiento de esta doctrina fundamental nos mantuvo juntos. Ninguno de nosotros quería dar cuentas delante del trono de Jesús de por qué profanamos su arte de la unión del matrimonio. (Para más información sobre el Trono del juicio, ver el libro de John *Guiados por la Eternidad*).

Después de nuestra meta de honrar a Dios, nuestra segunda meta era estar más enamorados el uno del otro al final del viaje de lo que lo estábamos al comienzo. Esta meta nos ha empujado a avanzar en los tiempos difíciles y a amarnos el uno al otro cuando no hemos tenido ganas de hacerlo. C. S. Lewis escribió:

> El amor... es una profunda unidad, mantenida por la voluntad y deliberadamente fortalecida por el hábito; se refuerza (en los matrimonios cristianos) por la gracia que ambas partes piden, y reciben, de Dios. Pueden tener este amor el uno por el otro incluso en momentos en que no se gustan el uno al otro.[5]

Definitivamente ha habido tiempos en que no nos hemos gustado el uno al otro, pero Dios nos dio la gracia para navegar por esos difíciles momentos, y hará lo mismo por ti. Nos gustamos y amamos más el uno al otro hoy que el día de nuestra boda, ¡esa es la verdad! Y anticipamos crecer más en nuestro amor con cada década que pasa.

Dios Está Tomando Nota

Cuando garabateábamos nuestros sueños en las servilletas del restaurante, hablábamos de cómo educaríamos a los hijos que ni siquiera teníamos. Hablábamos sobre cómo manejaríamos la disciplina, las pagas, tareas y la distribución de las habitaciones. Hablábamos sobre nuestro legado y el impacto que nuestras decisiones tendrían sobre nuestros hijos y nietos. Era importante para nosotros impartirles una herencia espiritual y financiera (ver Proverbios 13:22).

Nos imaginábamos nuestra futura casa. No era importante para nosotros tener una casa grande o elegante; queríamos que nuestra casa fuera acogedora y cálida, un lugar donde la gente se sintiera a salvo en cuanto entraran por la puerta. Queríamos que fuera un lugar divertido donde nuestros hijos quisieran traer a sus amigos.

Hablamos además sobre lo que creíamos que Dios nos había llamado a hacer y cómo nuestros llamados afectarían a las dinámicas de nuestro matrimonio. Hablábamos sobre los papeles de las mujeres y los papeles de los hombres. Decidimos cómo manejaríamos nuestra economía y que no contraeríamos deudas. Seguíamos hablando, hasta que miramos lo que había en nuestra mano y descubrimos que los garabatos en la servilleta se habían convertido en planos improvisados para la vida que queríamos construir.

Nos gustaba pensar que, al hacer nuestros planes en tiras de papel, Dios también los estaba escribiendo.

> *Entonces los que temían a Jehová hablaron cada uno a su compañero; y Jehová escuchó y oyó, y fue escrito libro de memoria delante de él para los que temen a Jehová, y para los que piensan en su nombre* (Malaquías 3:16 RVR 1960).

Hablamos sobre muchas cosas en esos primeros días que Dios recordó incluso cuando nosotros las habíamos olvidado, y Él les dio cumplimiento. Dios registra las conversaciones que mantienen aquellos que le temen. Al intentar buscar un matrimonio que honre al Autor de la vida, el cielo toma nota.

Día 5

Escribe Tu Visión

Escribe la visión, y haz que resalte claramente en las tablillas, para que pueda leerse de corrido. (Habacuc 2:2 NVI)

Repito que nunca es demasiado tarde para escribir tu visión para tu matrimonio. Siéntete libre de escribirla y rescribirla hasta que hayas creado algo propio y fácil de recordar. Una visión clara te dará la energía que necesitas para correr hasta la línea de meta.

Por favor, dedica algún tiempo a hablar con tu cónyuge (o futuro cónyuge) sobre su visión compartida para tu matrimonio. Si estás soltero, comienza a documentar tu parte de la visión ahora. Encuentra un lugar donde puedas soñar; sé específico con tus deseos y expectativas; determina tus absolutos, ¡y no tengas miedo de soñar a lo grande! Esta visión será tu Estrella Polar en los días venideros.

El matrimonio es como una carrera de larga distancia con décadas entre la línea de salida y la de meta. Demasiadas parejas sueñan a corto plazo. Sueñan con comprar una casa y formar una familia, que son metas magníficas, pero ninguna de ellas te llevará lo suficientemente lejos. Hay mucho más. ¡Sigue soñando!

Recuerda que tu cónyuge y tú están corriendo juntos, no compitiendo entre ustedes. No puedes terminar tu carrera solo, así que tienen que trabajar como equipo. Si han tenido un mal comienzo, encuentra consuelo en saber que cómo se termina es más importante que cómo se empieza. Escribir tu plan es una forma de definir tu línea de meta. Tienes que poner tu visión delante de ti para tener algo hacia lo que correr.

Pues la visión se realizará en el tiempo señalado; marcha hacia su cumplimiento, y no dejará de cumplirse. Aunque parezca tardar, espérala; porque sin falta vendrá… pero el justo vivirá por su fe. (Habacuc 2:3-4 NVI)

La visión que Dios te dé irá delante de ti para forjar un camino hasta su cumplimiento. Si mantienes la visión al alcance de tu vista, no te fallará. Habrá momentos en los que parezca que lo que Dios te ha hablado no puede ser cierto, o tu camino puede que te lleve a lugares que no querías o que no esperabas. Confía en el proceso. Dios sabe lo que te sobra para que puedas terminar el viaje. El poder de Aquel que inspiró tu visión te fortalecerá en momentos de necesidad, pero debes mantener la visión delante de ti.

Tu plan debería ser un documento vivo y orgánico. Esto significa que debería incluir dos cosas:

Absolutos Claramente Definidos

Ciertas creencias y compromisos proveerán un marco necesario para tu visión, cosas como "nuestro matrimonio honrará a Dios" o "las necesidades del otro irán antes que las propias". Estas son las cosas que consideras que no son negociables. Nunca cambiarán y no se deberían comprometer nunca.

Espacio para Crecer

Un buen plan no proporciona respuestas para todas las preguntas; proporciona claridad. Solo Dios sabe todo lo que sucederá en tu camino, pero puedes descubrir gradualmente aspectos del plan de Dios mediante la guía de su Espíritu. Con el tiempo, tu visión crecerá en rango y definición, adaptándose para acomodar las ventajas y retos de cada periodo. Estas áreas de cambio deberían incluir la cantidad de tiempo que inviertes en la crianza de tus hijos a medida que van creciendo o las formas en que se apoyarán el uno al otro en sus respectivas carreras profesionales y llamados.

Estos son cinco pasos prácticos que sugerimos que des para escribir tu plan de matrimonio:

1. Orar

Pídele a Dios que llene tu conversación, pensamientos y aspiraciones con su Espíritu. Pídele que te dé la estructura de esperanza que Él quiere que llene tu fe.

2. Encontrar inspiración

Busca versículos, artículos, historias, fotos, letras de canciones, recortes de revistas y cualquier cosa que te hable.

3. Ir a algún sitio donde puedas imaginar

Este lugar no tiene que ser difícil o caro. Puede ser tan sencillo como el restaurante de tu calle o el banco del parque que hay en tu barrio.

4. Identificar tus metas

¡Sueña a lo grande! No te dejes limitar por tus actuales circunstancias o lo que te ha sido modelado en el pasado.

Temas a considerar serían: economía, crianza de los hijos, dinámicas familiares, desarrollo personal, crecimiento espiritual, comunicación, descanso y recreo, carreras profesionales, responsabilidades en el hogar, participación en la iglesia, comunidad, y otros.

5. Decidir cómo alcanzarlas

Una vez que hayas establecido tu visión, haz inventario: ¿dónde te encuentras ahora mismo en relación con dónde quieres estar? Evalúa tu estatus actual y planifica los estándares, pasos o cambios que te pondrán, o mantendrán, en el camino.

Tu plan cubrirá muchas etapas de la vida.

Con tus metas en mente, responde a estas preguntas:

¿Cómo será nuestro matrimonio cuando estemos...

...casados y sin hijos?
...criando hijos pequeños?
...criando adolescentes?
...con el nido vacío?
...disfrutando de nuestros nietos?
...en nuestra última etapa juntos?

Si estás soltero, con novia o comprometido, ¿cómo puedes posicionarte intencionalmente para el matrimonio que quieres en el futuro?

**Ya has establecido metas para la economía,
la crianza de los hijos y más.**

**Estos son objetivos generales, pero estarán sostenidos
por tus estándares, decisiones y hábitos diarios.
Piensa en estas preguntas:**

¿Cómo y cuándo manejarás tu presupuesto mensual?

¿Qué tipo de vacaciones tendrás, y cómo las planificarás?

¿Qué tipo de actividades y entretenimientos disfrutarán juntos?

¿Cómo seguirás teniendo citas con tu cónyuge?

¿Cómo resolverás las diferencias con tu cónyuge?

¿Cómo pasarás el tiempo con tus hijos?

¿Cómo disciplinarás a tus hijos?

¿Ambos quieren tener carreras profesionales fuera de casa? Si es así, ¿será distinto en las distintas etapas de su matrimonio?

¿Cómo apoyarás la carrera profesional del otro u otras grandes metas?

¿Qué tipo de oportunidades educativas perseguirás para ti mismo? ¿Para tus hijos?

¿Qué tipo de oportunidades recreativas estarán disponibles para tus hijos? ¿Cómo facilitarás los intereses y talentos de tus hijos?

¿Cómo invertirás en tu bienestar físico? (Ejercicio, descanso, nutrición, etc.)

¿Cómo invertirás en tu propio bienestar espiritual?

¿Cómo educarás a tus hijos en el conocimiento de Dios?

¿Cómo se beneficiará tu matrimonio y familia del mundo que te rodea? (Tu iglesia, comunidad, vecindario, lugares de trabajo, etc.)

Como mencionábamos antes, los detalles de tu plan probablemente cambiarán y evolucionarán a medida que madures en sabiduría y acumules experiencia. Eso está bien, pero es esencial que establezcas un marco para tu plan y te comprometas con los estándares que serán fundamentales para lo que viene.

Escalar el Everest

Imagina a una pareja subiéndose a un avión. Están emocionados por su viaje, pero no tienen ni idea de a dónde se dirigen. Lo único que saben es que ese avión les llevará a una gran aventura. Suponen que se dirigen a algún lugar cálido, así que metieron en su maleta solo ropa de playa y alguna chaqueta ligera por si refresca por las noches. Tras muchas horas de vuelo, llegan a su destino y descubren que han aterrizado en Nepal. Lo que ellos pensaban que sería una excursión tropical se ha convertido en un gélido ascenso al Monte Everest. Claramente, no están preparados para hacer frente a un viaje tan peligroso y exigente, así que inmediatamente se dirigen de regreso a casa.

Muchos han visto el matrimonio como un viaje a la playa, pero es más como un ascenso a una cima: es reconfortante y emocionante, pero es un trabajo duro. Y aunque la ilustración puede parecer un tanto ridícula, el índice de mortalidad de los matrimonios está, de hecho, en torno al veinticinco por ciento más alto que el de los escaladores del Everest.[6]

¿Por qué hay escaladores del Everest mucho más exitosos que parejas casadas? Porque tienen visión para sus viajes y saben a lo que se enfrentan. No se asombran cuando se encuentran con el aire más fino, con las gélidas temperaturas y los vientos incesantes. Tristemente, muchos matrimonios fracasan debido a expectativas poco realistas y una falta de visión. Merece la pena dedicar un tiempo a trazar el plan.

Hacerlo Bien

A medida que se desarrolla tu historia, Dios ampliará el marco de tu visión y le añadirá hermosos adornos, pero nunca profanará la vida que tú estás edificando con tu cónyuge. Quizá te parezca que las pruebas son intentos de Dios de destruir tu historia, y puede que te veas tentado a volcarte contra Él airado o frustrado. Pero has de saber que Dios no es el autor de tus dificultades, y que Él hace que todo ayude a bien en tu vida (ver Romanos 8:28). Su gracia y su Espíritu nunca te dejarán, y Él ha prometido que nunca permitirá que pases por una prueba que no puedas superar.

> *Y Dios es fiel; no permitirá que la tentación sea mayor de lo que puedan soportar. Cuando sean tentados, él les mostrará una salida, para que puedan resistir.* (1 Corintios 10:13)

A veces te sentirás como si todo se derrumbara, pero si te aferras a la esperanza, podrás hacer frente a las tormentas. Cuando todo termine, oirás las palabras del Maestro diciendo:

> *¡Hiciste bien, siervo bueno y fiel!* (Mateo 25:23 NVI)

¿No es interesante que el Maestro diga "bien hecho", y no "perfectamente hecho"? Ninguno de nosotros navega por nada en este mundo de una manera perfecta, pero podemos vivir la vida y el matrimonio *bien*. Esto significa que navegamos por nuestro matrimonio de manera saludable y con humildad, aprendiendo de nuestros errores y prosiguiendo en la gracia de Dios para recibir lo mejor que Él tiene. Si decides caminar por este camino, tu matrimonio hará mucho más que sobrevivir. Prosperará. Dios te ayudará a vencer.

> *Deseamos, sin embargo, que cada uno de ustedes siga mostrando ese mismo empeño hasta la realización final y completa de su esperanza. No sean perezosos; más bien, imiten a quienes por su fe y paciencia heredan las promesas.* (Hebreos 6:11-12 NVI)

Dios quiere que heredes sus promesas para tu matrimonio. Reclama la esperanza que da su Espíritu. Sé paciente con tu cónyuge y ten fe en lo que puede llegar a ser tu matrimonio. Te sorprenderás de lo que Dios puede hacer en dos personas imperfectas y a través de ellas. A Dios le apasiona construir matrimonios cuyas mejores historias están en cómo terminan, y no en cómo comenzaron.

Devocional Día 1

UNA OBRA DE ARTE EN PROCESO

*Pues somos la obra maestra de Dios. Él nos creó de nuevo en Cristo
Jesús, a fin de que hagamos las cosas buenas que preparó
para nosotros tiempo atrás.*
(Efesios 2:10)

Todo lo que Dios crea tiene propósito, incluyendo tu matrimonio. A través de la participación personal de su Espíritu en tu vida, Él desea hacer de tu matrimonio una obra de arte de su gracia.

Piensa en cuando estabas soltero o comprometido. ¿Cómo visualizabas el matrimonio? ¿Qué imágenes e ideas impecables tenías en tu corazón y tu mente?

¿De qué forma es diferente tu matrimonio del que visualizabas?

El diseño de Dios para el matrimonio es que sea un pacto. Este es un acuerdo de por vida, "hasta que la muerte nos separe". En el pacto, cada parte se rinde y ofrece todos sus recursos al otro. Las dificultades de una persona se convierten en las de la otra, y cada uno hace el voto de proteger y proveer cualquier cosa que necesite su pareja.

Los autores y oradores **Bob y Audrey Meisner** han compartido estas ideas con respecto al pacto:

> El pacto es una cosa de Dios. La Biblia habla claramente de las bendiciones de caminar en el pacto, que incluyen el favor con Dios, economía bendecida, seguridad y confianza, larga vida y salud y buen carácter… En un verdadero entorno de pacto nos sentimos libres para admitir nuestros errores y retos recurrentes en la vida porque sabemos que no seremos rechazados por nuestra honestidad. Así, nuestro cónyuge se siente libre para decir la verdad en amor para ayudarnos a vencer nuestros fracasos, mientras camina con nosotros en medio de esas dificultades. Esta es la vida de pacto en Cristo en su estado puro.[7]

¿Qué te está hablando Dios con respecto al pacto? Pregúntate: *¿Estoy disfrutando de un matrimonio de pacto? ¿Qué estoy dispuesto a hacer para experimentarlo?* Ora y pide al Espíritu su opinión y su fortaleza.

Dios tiene un gran propósito para tu matrimonio de pacto, y va mucho más allá de tu cónyuge y tú. Él quiere que tu unión, como la de Abraham y Sara, envíe su amor y verdad al futuro lejano. Pregúntate, y también al Señor: *¿A quién está influenciando mi matrimonio, y qué efectos está dejando?*

Haz una pausa y ora. *"Espíritu Santo, ¿cómo puedo extender intencionalmente tu pacto a mis hijos, nietos, y a aquellos que has puesto en mi esfera de influencia?".*

Guarda silencio ante Dios. Escucha lo que Él te hable ahora y en los días venideros. Escribe sus instrucciones y pide su gracia para obedecer.

Devocional Día 2

FORJADO EN EL HORNO

Amigos, cuando la vida se ponga realmente difícil, no lleguen a la conclusión de que Dios no está presente. Más bien, alégrense de que están en el centro de lo que Cristo experimentó. Este es un proceso de refinamiento espiritual, con la gloria a la vuelta de la esquina.
(1 Pedro 4:12-13 MSG)

El matrimonio es un proceso de refinamiento espiritual, y Dios es el Refinador. Aunque Él no es la fuente de tus problemas, los usará para hacer que tú y tu cónyuge sean más como Jesús.

Seamos sinceros. A nadie le gustan las pruebas. Si pudiéramos esquivarlas lo haríamos, pero hay valor en el camino difícil.

Toma un momento para meditar en estas verdades sobre los beneficios de las pruebas. Las hemos confeccionado para abordar directamente tu matrimonio.

Él [Dios], en cambio, conoce mis caminos [y los de mi cónyuge]; si me pusiera a prueba, saldría yo puro como el oro. (Job 23:10 NVI)

Tú, oh Dios, nos has puesto a prueba [a mi cónyuge y a mí]; nos has purificado como a la plata… …hemos pasado por el fuego y por el agua, pero al fin nos has dado un respiro. (Salmos 66:10, 12 NVI)

Considérenlo un tremendo regalo, [esposos y esposas], cuando las pruebas y los desafíos les lleguen por todas partes. Ustedes saben que, bajo presión, su vida de fe se muestra y aparece lo que realmente son. Así que no intenten salir de nada prematuramente. Dejen que haga su obra para que maduren y se desarrollen bien, sin que tengan deficiencia alguna. (Santiago 1:2-4 MSG)

Estas pruebas demostrarán que su fe es auténtica. Está siendo proba-
da de la misma manera que el fuego prueba y purifica el oro, aunque
la fe de ustedes es mucho más preciosa que el mismo oro. Entonces
su fe, al permanecer firme en tantas pruebas, les traerá [a ti y a tu
cónyuge] mucha alabanza, gloria y honra (…) (1 Pedro 1:7)

Describe brevemente un horno de aflicción (un conflicto) que tu cónyuge y tú estén sufriendo actualmente.

¿Qué te está mostrando el Espíritu Santo sobre ti, tu cónyuge y tu situación mediante los versículos anteriores?

Saber lo que no está bien de tu cónyuge no servirá de mucho para que
haya un cambio. El cambio comienza al saber qué es lo que hay que tratar en ti. Haz una pausa y ora: *"Espíritu Santo, ¿qué está ocurriendo en mi*
corazón y en mi mente? ¿Qué quieres cambiar? ¿Qué creo de mí mismo que
no es cierto? Ayúdame a escuchar tu voz y obedecer tus mandamientos. En el
nombre de Jesús, amén".

La verdad que el Espíritu Santo me está revelando sobre mí mismo es…

Las acciones que el Espíritu Santo me está empujando a realizar son…

Devocional Día 3

FE, ESPERANZA Y HUMILDAD

Le pido a Dios, fuente de esperanza, que los llene completamente de alegría y paz, porque confían en él. Entonces rebosarán de una esperanza segura mediante el poder del Espíritu Santo.
(Romanos 15:13)

La fe proporciona los ladrillos para un matrimonio fantástico, y la esperanza es el plano para llevarlo a cabo. Dios, la fuente de esperanza, tiene fe en ti y en tu cónyuge. Cuando confías en Él, Él te da su plano para tu matrimonio y te empodera para que experimentes el matrimonio de tus sueños.

En su libro *Abraham, Or The Obedience of Faith* [Abraham, o la obediencia de la fe], el pastor y autor **F. B. Meyer** explica:

La fe es la diminuta semilla que contiene todos los raros perfumes y hermosas tonalidades de la vida cristiana, esperando tan solo que Dios nutra y bendiga. Cuando un hombre *cree*, es solo cuestión de educación y tiempo para que se desarrolle eso que ya está en estado embrionario en su interior... La fe nos une tanto con el Hijo de Dios que somos Uno con Él para siempre, y toda la gloria de su carácter... se nos cuenta a nosotros.[8]

Entonces, ¿qué es la fe? ¿De dónde viene? ¿Y cómo puedes hacer que sea cada vez más fuerte en tu vida? Medita detenidamente en estos pasajes y escribe lo que el Espíritu Santo te revele.

Romanos 1:11-12; 10:17; 12:3 | Hebreos 11:1-6 | Efesios 2:8 Colosenses 2:6-8

Además de la fe, necesitas esperanza, un plano dado por Dios para tu unión. Haz una pausa y ora: *"Señor, deposita en mí y en mi cónyuge tu diagrama divino para nuestro matrimonio. Como le diste a Abraham una ilustración en las estrellas del cielo, inscribe en nuestro corazón una imagen que podamos entender y recordar para siempre, en el nombre de Jesús, Amen".* Mira, escucha y escribe lo que el Señor te revele.

Hay una virtud clave que necesitas para recibir fe y esperanza. Es *humildad.* La humildad dice: "No puedo hacer nada sin ti, Señor, pero todo lo puedo por medio de ti". Cuando tienes un corazón de humildad, la puerta para lo mejor de Dios para tu matrimonio ¡se abre de par en par!

El autor y pastor del siglo XIX Andrew Murray dijo: "Jesús vino para devolver la humildad a la tierra, para hacernos *copartícipes* de ella y salvarnos por medio de ella… Su humildad es nuestra salvación. Su salvación es nuestra humildad… *solo mediante la morada de Cristo en su divina humildad podemos ser verdaderamente humildes".*[9]

Medita detenidamente en estos versículos. ¿Qué te está revelando Dios?

Mateo 11:28-30 | Juan 13:1-17 | Filipenses 2:1-11 | Santiago 4:6 1 Pedro 5:5

Sean siempre **humildes** *y amables. Sean pacientes unos con otros y tolérense las faltas por amor. Hagan todo lo posible por mantenerse unidos en el Espíritu y enlazados mediante la paz.*
(Efesios 4:2-3)

Devocional Día 4

SUEÑEN A LO GRANDE

Más valen dos que uno, porque obtienen más fruto de su esfuerzo...
¡La cuerda de tres hilos no se rompe fácilmente!
(Eclesiastés 4:9, 12 NVI)

Vivir y experimentar la grandeza del matrimonio, este es el diseño divino de Dios para cada esposo y esposa. Con su Espíritu Santo en el centro de tu unión, tu cónyuge y tú estarán posicionados para la grandeza.

¿Quieres vivir cosas grandes? Dedica tiempo para soñar a lo grande. Al final de este capítulo estarás equipado para escribir una visión para tu matrimonio. Ahora mismo puedes prepararte para este tiempo especial de buscar la visión.

Nombra un par de lugares donde a tu cónyuge y a ti les guste estar juntos, sitios relajantes donde estén libres para soñar.

Dialoguen sobre sus respuestas, y después selecciona uno o más lugares donde puedas planear una serie de citas para soñar.

Soñar juntos les permite a tu pareja y a ti compartir honestamente desde su corazón y visualizar las cosas asombrosas que pueden hacer juntos mediante la fortaleza, sabiduría, favor y provisión de Dios. "¿Qué pueden hacer como pareja para que sus búsquedas sean más eficaces?", preguntan los autores **Bill y Pam Farrel**. "Sean deliberados… Para saber si están haciendo algún progreso en un sueño, tienen que escribir un conjunto de metas que expliquen cómo llegar a ese sueño. Una meta debe ser *específica... realista...[y] alcanzable con la ayuda de Dios*".[10]

Hablaremos más sobre la planificación de metas durante la lectura del día siguiente. Por ahora, ¿qué sueños hay en sus corazones? Piensa en tus deseos con respecto a su relación entre ustedes, formar una familia, seguridad económica, educación y carreras, comprar una casa o rentarla, jubilación, etc.

Mis mayores sueños para nuestro matrimonio son...

Cuando compartas y escribas tus sueños, pide a tu cónyuge que comparta los suyos y escríbelos.

Los mayores sueños de mi cónyuge son...

¿Qué aspectos de estos sueños se coinciden? ¿Dónde está el interés común? Hablen de esto juntos.

Los mayores sueños que tenemos para nuestro matrimonio son...

Recuerda: "Dios puede hacer cualquier cosa, ya saben, mucho más de lo que ustedes pudieran imaginar o averiguar o pedir ¡en sus sueños más locos!"

(Efesios 3:20 MSG). *Entrega tus sueños al Señor en oración y pídele que comience a mostrarte los pasos concretos que puedes comenzar a dar en dirección a ellos.*

Devocional Día 5

ESCRIBE TU VISIÓN

Escribe la visión, y declárala en tablas.
(Habacuc 2:2 RVR1960)

Ahora que tu cónyuge y tú han comenzado a soñar juntos, el siguiente paso es escribir su visión. Tener una visión significa tener un sueño realista para su matrimonio y para lo que tu pareja y tú pueden llegar a ser juntos mediante la dirección y la gracia de Dios.

El autor, profesor, y consejero familiar **H. Norman Wright** ofreció unos pensamientos muy valiosos sobre el tema de la visión:

> **Visión** podría describirse como *presagiar*, con el significado de poseer una aguda conciencia de las circunstancias y posibilidades actuales, y del valor de aprender del pasado. La visión también se puede describir como *ver lo invisible y hacerlo visible*. Es tener un cuadro en nuestra mente de la forma en que podrían o deberían ser las cosas en los días venideros. Visión es también un *retrato de las condiciones que aún no existen*. Es ser capaz de enfocarse más en el futuro que venirse abajo por el pasado o el presente. Visión es el proceso de crear un futuro mejor con el empoderamiento y la dirección de Dios.[11]

Una visión exitosa del matrimonio tiene conceptos absolutos. Anota algunos de los estándares no negociables que tú y tu pareja están dispuestos a guardar sin comprometerlos.

Entre ellos pueden estar cosas como evitar disputas, no contraer deudas, estar siempre dispuestos a perdonar, nunca menospreciar al otro, etc.

Vuelve a leer la descripción de visión de Wright. ¿Qué te dice tal descripción? ¿Cuáles son algunas de las **metas a corto plazo** para tu matrimonio, cosas que a ti y a tu pareja les gustaría conseguir en el próximo año?

¿Cuál es tu **visión a medio plazo** para el matrimonio? ¿Qué metas te gustaría alcanzar en los siguientes cinco o diez años? Recuerda: sé específico y realista, y enfócate en lo que quieres ver.

¿Cuál es tu **visión a largo plazo** para tu matrimonio? ¿Qué metas específicas te gustaría alcanzar en los siguientes veinte o treinta años? Piensa en la jubilación, los nietos, las oportunidades ministeriales o de vacaciones, viajes, etc.

*Aunque la visión tardará aún por un tiempo, más se apresura
hacia el fin, y no mentirá; aunque tardare, espéralo,
porque sin duda vendrá, no tardará.*
(Habacuc 2:3 RVR 1960)

PREGUNTAS DE DISCUSIÓN

Si estás usando este libro como parte de la Serie Messenger sobre
La Historia del Matrimonio, *por favor, consulta la sesión 2 del video.*

1. Muchas parejas casadas viven en modo de supervivencia, pero Dios no quiere que los matrimonios meramente sobrevivan. ¡Él quiere que los matrimonios prosperen! Toma un momento para compartir por qué es importante ampliar tu visión para tu matrimonio más allá de tan solo tu cónyuge y tú.

2. Sin lugar a dudas, experimentarás dificultades en el matrimonio. Tu pareja y tú son dos individuos en el proceso de convertirse en uno. Hebreos 12:2-3 nos da un plan probado para tratar con las dificultades. Lee con detenimiento este pasaje e identifica la estrategia de Dios para sacarte del horno del refinamiento como el oro puro.

    Mantengan sus ojos en Jesús, quien comenzó y terminó esta carrera en la que estamos nosotros. Estudien cómo lo hizo. Como él nunca perdió de vista hacia dónde iba, esa emocionante meta en Dios y con Dios, pudo soportarlo todo durante el camino: la cruz, vergüenza, cualquier cosa. Y ahora está ahí, en el lugar de honor, a la diestra de Dios. Cuando se vean flaqueando en su fe, revisen esa historia otra vez, cosa por cosa, esa larga letanía de hostilidad que él sufrió. ¡Eso inyectará adrenalina en su alma! (Hebreos 12:2-3 MSG)

3. El orgullo nos impide disfrutar de lo mejor de Dios para nuestra vida. ¿Cómo has permitido que el orgullo limite tu visión para tu

matrimonio? ¿Qué cambios deberías hacer para entender el matrimonio que Dios tiene preparado para ti?

4. Los matrimonios felices y saludables que crecen hasta la grandeza tienen visión. Una buena visión está apoyada por un plan específico y realista. Cada pareja personaliza su propio plan, y tanto el esposo como la esposa se comprometen a verlo cumplido. Nombra algunas de las áreas del matrimonio en las que sea necesario tener una visión detallada. ¿Por qué es tan útil y vital tener un plan concreto? ¿Por qué es tan importante que la visión se adapte y ajuste con el tiempo?

    Líderes: Hagan que su grupo lea Habacuc 2:2-3; Proverbios 29:18.

5. En Mateo 25:23, el siervo que es "bueno y fiel" es elogiado por administrar "bien" lo que su señor le ha encomendado. Vivir el matrimonio de una manera perfecta es distinto a vivirlo bien. ¿Cómo puede impedirnos vivir bien el matrimonio una expectativa de perfección? ¿Qué significa vivirlo bien para nuestros estándares? ¿Nuestras actitudes? ¿Nuestras respuestas a los errores?

RESUMEN DEL CAPÍTULO:

- Tu historia del matrimonio se trata de algo más que de ti. Se trata de cada vida que tu cónyuge y tú tocarán durante toda su vida, y llega hasta su legado para las generaciones venideras.

- El matrimonio crea un entorno ideal para que los hombres y las mujeres sean moldeados y refinados a la imagen de Cristo. Esto le da a Dios la gloria, dándole a conocer.

- La fe es el material de construcción de un matrimonio maravilloso que aún no es una realidad. La esperanza es el plano, o la visión dada por Dios, que construye la fe.

- La humildad abre la puerta para lo mejor de Dios para nuestra vida. Mediante la humildad recibimos la gracia (o empoderamiento) de Dios para experimentar la grandeza del matrimonio que Él diseñó.

- Al margen de la condición actual de tu matrimonio, este puede crecer hasta convertirse en un matrimonio con un final feliz.

- Escribe una visión para tu matrimonio: un plan vivo y vibrante que crezca con el tiempo e incluya esperanzas, sueños y estándares no negociables.

TRES

Limpiar la Cubierta

*Limpiar la cubierta: (verbo) Prepararse para un evento
o meta específicos tratando de antemano con cualquier
cosa que pudiera obstaculizar el progreso.*[1]

Día 1

Este término náutico era originalmente una instrucción dada a bordo de los barcos que se aproximaban a la batalla. Cuando se daba la orden, los marineros sabían cómo retirar cualquier herramienta, cuerdas u otro objeto que pudiera estorbarles para moverse con libertad por la nave.[2] Hoy día, el término se utiliza para referirse a cualquier preparación que nos disponga para una acción sin cargas.

En el último capítulo hablamos sobre el matrimonio en términos de un bosquejo vivo que funcione. El propósito de este capítulo es tratar cualquier asunto que pudiera obstaculizarte a la hora de avanzar y experimentar la grandeza del matrimonio. El hecho intencional de limpiar la cubierta de un barco sirve para impedir que las cuerdas se enreden unas con otras. Si la cubierta está llena de trastos o desorganizada, es fácil, en los momentos difíciles o ante un fuerte oleaje, tropezar con algo que podríamos evadir fácilmente cuando la navegación es tranquila.

Nos encanta la idea de ayudarte a navegar hacia tu futuro llevando contigo todo lo que te sostendrá, mientras que al mismo tiempo tiras por la borda cualquier cosa que te pese o te ancle al pasado. Demasiadas personas no solo han "tropezado en cubierta" y se han lastimado, sino que también se han caído por la borda y se han perdido en el mar.

El diseño de Dios para el matrimonio no tiene faltas; sin embargo, parece que el matrimonio destaca las faltas del cónyuge, mejor que ninguna otra institución. En vez de esperar a estar a bordo de una nave que está desesperadamente fuera de rumbo, con las velas rotas, el cargamento perdido, agujeros que gotean y cuerdas desgastadas, queremos llevarte a la posición correcta para *abrirte camino*.

Para seguir con nuestra analogía náutica, negarse a lidiar bien con los problemas básicos de relación podría asemejarse a lanzarse a navegar con un corcho tapando una gotera en el casco inferior de tu barco. Funcionará durante un rato, pero cuando se le aplique la presión suficiente, no se sostendrá.

Nosotros no queremos que tú tropieces o te hundas. Queremos que tu matrimonio sea un arca que pueda soportar cualquier tormenta que encuentre. Al haber trabajado en el plano de tu matrimonio en el capítulo previo, puede que ya hayas reconocido algunos problemas que tengas que tratar antes de poder avanzar con lo que has visualizado. Así que vayamos en busca de cualquier falla comprometedora que esté arraigada en el egoísmo, en el orgullo y la ofensa. Liberémonos de toda maldición y temor que nos aten, y dejemos que la esperanza sea nuestra ancla.

Nuestro Comienzo

Sabemos que limpiar la cubierta es importante porque no es así como nosotros comenzamos nuestro viaje juntos. Realmente no prestamos mucha atención durante nuestra consejería prematrimonial. Cuando nuestro consejero intentó darnos consejos sobre cómo navegar por los conflictos y las aguas tormentosas, nosotros pensamos: *¿Pelearnos? ¡Nunca nos pelearemos! Dios nos unió. Este consejo es para personas que no están enamoradas como lo estamos nosotros. No somos de esos. La mano de Dios está sobre nuestras vidas.*

Solo llevábamos unas semanas de casados cuando comenzaron los problemas. No tardamos mucho en darnos cuenta de lo equivocados que habíamos estado. Habíamos entrado en el matrimonio con visiones de cónyuges perfectos, pero enseguida nos dimos cada vez más cuenta de cada falta que tenía el otro. Comenzamos a trabajar mucho para cambiar al otro y, como resultado, nuestro feliz matrimonio se convirtió en un campo de batalla entre dos personas con personalidades muy fuertes. Las chispas saltaron cuando el hierro intentó afilar al hierro.[3]

Aún no nos dábamos cuenta de que nuestra unión era de hecho débil y frágil. Sí, estábamos totalmente comprometidos el uno con el otro, pero teníamos un concepto muy alto de nuestro propio carácter, específicamente en las áreas de la paciencia y el egocentrismo. Teníamos más problemas que tratar de los que nos hubiera gustado admitir, e incluso lo que era bueno necesitaba una fortificación para resistir los desafíos que vendrían.

En lugar de permitir que Dios limpiara nuestra cubierta, tan solo queríamos limpiar la del otro. La pareja que pensaba que eran un emparejamiento literal hecho en el cielo se había despertado de su sueño. Aún poníamos buenas caras en la iglesia, pero nuestra vida en casa comenzaba a parecerse cada vez más a una escena del programa de *Pressing Catch* (*"Presionando el pestillo", un espectáculo estadounidense de lucha libre*).

Durante nuestro primer año de matrimonio, hubo una vez en la que estábamos participando de lo que algunos llamarían una "comunión intensa". John no quería que yo (Lisa) me fuera de la habitación, así que me dijo que me sentara en nuestra cama. Yo quería salir de la habitación antes de que dijera algo que lamentara a la mañana siguiente. John me dijo que me sentara, pero yo ya estaba andando cuando él intentó sentarme de nuevo en la cama para arreglar las cosas. La combinación de mi movimiento hacia delante y la acción de John hicieron que yo terminara en el piso.

Me puse de pie con una lámpara en la mano. John me miró fijamente sin dar crédito, con una mirada de terror en su rostro. "¿Qué vas a hacer con eso?", preguntó él.

"No lo sé", murmuré yo. La ridiculez de la escena creó una oportunidad para que ambos nos calmásemos y hablásemos del asunto, pero la raíz del problema se quedó sin resolver.

Unos días después de este episodio, estaba almorzando con una de mis amigas. Ella llevaba casada más tiempo que yo, así que de algún modo me sentí cómoda abriéndome con ella respecto a mis luchas matrimoniales. Pero en vez de contar los detalles del incidente de la lámpara, decidí adoptar un enfoque más sutil. Casualmente pregunté: "¿Alguna vez has tenido algún desacuerdo con tu esposo y de repente te viste con una lámpara en la mano?".

Ella me miró como si la pregunta fuera absurda. "¡No!".

Rápidamente respondí: "¡Yo tampoco!".

Obviamente estaba mintiendo. Mi amiga probablemente pudo deducir que mi pregunta supuestamente al azar era un grito pidiendo ayuda. Pero los fingimientos maritales nos impidieron avanzar más con la conversación.

John y yo sentíamos que no íbamos a ningún lado. Había cosas graves que se estaban desarrollando en nuestro matrimonio, pero no sabíamos a quién acudir. En la iglesia ocultábamos nuestra lucha y enmascarábamos nuestro dolor. Sabíamos que nuestra fricción relacional iba en aumento, pero no sabíamos cómo responder a ella. La desesperanza y la vergüenza de nuestra situación hizo que las cosas fueran de mal en peor. Por consiguiente, la tensión en nuestro hogar se volvió insoportable.

Entonces ocurrió. Nuestro conflicto llegó a un nivel épico cuando yo (John) golpeé a Lisa. Antes de este incidente, habíamos tenido contacto físico, yo la había empujado, pero esta fue la primera vez que la golpeé. De inmediato, me di cuenta de lo que había hecho y que quedé totalmente horrorizado por mi conducta y consumido por el remordimiento. Lisa me devolvió el golpe y después se encerró en el baño. Ambos nos fuimos a la cama esa noche sintiendo que algo se había perdido.

A la mañana siguiente mientras ambos nos preparábamos para ir a trabajar, Lisa estaba callada y cada vez más distante. Parecía que nuestra relación había perdido cualquier atisbo de santidad y confianza. Ambos trabajábamos a jornada completa, y con el paso de la semana de trabajo, la distancia entre nosotros aumentó. Lisa trabajaba como vendedora en ese entonces, y comenzó a salir tarde a propósito, revisando las tiendas de su región para evitar el contacto conmigo. Cuando finalmente llegaba a casa, rehusaba hablar o cenar conmigo y se iba directamente a la cama a leer. Yo esperaba impacientemente el fin de semana para poder arreglar finalmente lo que había ocurrido.

Mi Promesa

Cuando era joven (Lisa), hice una promesa de que, si mi futuro esposo alguna vez me golpeaba, yo lo abandonaría. Me crié en un hogar inestable y me aterraba verme en otra situación de abuso. Cuando John me golpeó, me acordé de mi promesa y me vi ante una decisión que podría alterar mi vida. ¿Seguiría en mi matrimonio? ¿Podría amar y comprometerme con un hombre que me había pegado?

Las personas con las que trabajaba sabían que algo me preocupaba mucho. Una de mis supervisoras se imaginó lo que había ocurrido; me animó a dejar a John de inmediato, sin hacer preguntas. Yo esperaba que llegara el fin de semana para poder dejar a John fuera de la casa y no dejarle entrar. Además de hablar con mis compañeras de trabajo, estaba leyendo el libro del Dr. James Dobson, *Love Must Be Tough* [El Amor Debe Ser Firme], el cual me inspiró a elevar la situación a una crisis.

Cuando John llegó a casa esa tarde, no pudo entrar en el apartamento. Yo había cerrado el pestillo, el cual solo era accesible desde dentro. Él no tenía forma de entrar. Esto fue antes de la era de los teléfonos celulares, así que se quedó de pie fuera y gritó: "Lisa, estoy en casa. ¡Por favor, déjame entrar!". Finalmente abrí una ventana para informarle que sabía que estaba en casa, pero que tendría que buscar otro lugar para pasar la noche. John no daba crédito a lo que oía. Después de un rato, se dio cuenta de que no entraría, así que decidió pasar la noche con un amigo con la excusa de orar y ayunar.

Ahora que tenía todo el lugar para mí, decidí tener una seria conversación con Dios. Creo que mi oración de inicio fue algo parecido a esto: "Está bien, Dios, tengo algunas ideas para ti. Mientras John está fuera, necesita tener una revelación de lo horrible que ha sido conmigo. Quizá le podrías dar un mal sueño o asustarlo con un rayo que le golpease. Solo que no le mate, por favor, porque no tengo aún un buen seguro de vida de él".

Pero por mucho que orase con respecto a John, la única persona de la que Dios me hablaba era de mí misma. Dios no estaba interesado en discutir conmigo acerca de los problemas de John. Él quería tratar la condición de mi corazón. Me dijo: "Lisa, necesitas una intervención sobrenatural en tu matrimonio. Y si quieres una intervención sobrenatural en tu matrimonio, tendrás que actuar de manera sobrenatural. Eso significa que le tienes que perdonar, aunque creas que no se lo merece". "Lisa", siguió diciéndome Dios, "tienes toda una lista en contra de John".

Tener una Lista

Cuando John y yo nos peleábamos, no luchábamos solo por el asunto en cuestión. Solíamos acumular munición de nuestros meses de matrimonio para desprestigiarnos y desacreditarnos el uno al otro. Una lista cada vez mayor de ofensas, condenación y amargura era el fundamento de cada desacuerdo. Incluso las pequeñas discusiones aumentaban hasta convertirse en batallas de unas proporciones casi épicas.

Yo, la mayor culpable en esos interminables conflictos, no estaba dispuesta a perdonar a John sus ofensas pasadas. Debido al dolor que había llevado a nuestra relación, tenía miedo de que, si cancelaba sus deudas, podría poner en peligro mi seguridad emocional y física. Pero Dios me dijo que, aunque John distaba mucho de ser perfecto, se merecía mi perdón.

Yo seguía intentando dirigir la atención de Dios hacia John, pero Él no estaba cooperando. Le rogaba: "¿Por qué siempre tengo que cambiar yo? Espero que le estés diciendo a John que haga lo mismo, porque él no cambiará a menos que tú se lo digas".

Pero a través de todo esto, Dios estaba revelando la depravación de mi propio corazón. El orgullo y el egoísmo pronto levantaron sus feas cabezas. Me encontré pensando sobre cómo respondería la gente si John y yo no estuviéramos sentados juntos o tomados de las manos en la iglesia el domingo. Decidí que le dejaría entrar a casa para que le diera tiempo de vestirse e ir a la iglesia conmigo para poder mantener las apariencias. No estaba preocupada por John o por nuestra relación; estaba preocupada por lo que las demás personas pensaran de nosotros. Mi orgullo me estaba impidiendo experimentar el efecto transformador de la gracia de Dios justo donde más lo necesitaba.

Finalmente me quebranté y dejé que Dios hiciera lo que tuviera que hacer en mi corazón. Incluso tras la estela del cruel error de John, decidí reconocer mi parte en lo que había ocurrido. En cuanto me humillé, la gracia de Dios entró. La humildad siempre abre las compuertas de la gracia:

> *Dios se opone a los orgullosos, pero da gracia a los humildes.*
> (1 Pedro 5:5 NVI)

Fue evidente para mí que yo no podía cambiar a John. Solo Dios podía hacer eso, pero yo podía permitir que Dios me cambiara a mí.

John llegó a casa de ese fin de semana como un hombre distinto. Cuando Dios trató con él en los primeros años de nuestro matrimonio, nunca volvió a pegarme otra vez, y ya han pasado casi tres décadas. Nuestra unión fue transformada cuando ambos respondimos en humildad ante Dios y el uno con el otro con esperanza para una total restauración y reconciliación.

La Moraleja de la Historia

Nos gustaría poder decir que las heridas de esa etapa de nuestra vida se sanaron de la noche a la mañana, pero no fue así. Los dos años siguientes de nuestro matrimonio siguieron estando marcados por un gran revuelo emocional y esfuerzo para intentar aprender a vivir juntos de una forma que honrara a Dios. Habíamos escuchado consejos que variaban, desde que ambos fuéramos el jefe hasta que Lisa debía desaparecer por completo en cuanto a su voz y su papel.

En nuestra inmadurez, frecuentemente nos castigábamos el uno al otro cuando Dios estaba haciendo una obra en nuestras vidas individuales. Salimos a flote de nuestros primeros cuatro años de matrimonio sintiéndonos muy quebrantados. De algún modo, vivimos en las secuelas de nuestros errores. Había incluso evidencia física de nuestros fallos a nuestro alrededor, incluyendo un refrigerador dañado y una ventana repuesta; pero Dios no perdió la esperanza con nosotros. Él estaba redimiendo nuestros errores cambiándolos en oportunidades para limpiar la cubierta. Lo que el enemigo intentó para destruir nuestro matrimonio, Dios lo usó como un cimiento para lo que estaba por venir.

Aunque siempre hemos dicho que tuvimos problemas, nunca hemos entrado en mucho detalle en nuestras enseñanzas. Estamos compartiendo más información ahora no para excusar nuestra conducta, sino para animarte a ver que el cambio es posible. Al mismo tiempo, sabemos que no todas las situaciones de abuso tienen un final feliz, y no estamos animando a ninguna mujer u hombre a seguir en una situación en la que ellos y sus hijos no estén a salvo. Si este es tu caso, encuentra un lugar seguro. No te dé vergüenza. Ponte a salvo y obtén la ayuda que necesites. Hablaremos más de esto enseguida.

Durante aquellos años difíciles, nuestro matrimonio parecía no tener esperanza alguna; sin embargo, treinta años después estamos disfrutando de la vida juntos, más que nunca. Nuestro matrimonio es increíble, lo cual es verdaderamente un testimonio del poder milagroso de Dios. Esto no es para decir que no hayamos experimentado más valles durante el camino, pero una cosa sabemos: al haber escogido amar, Dios ha sido fiel para sacarnos de todos y cada uno de ellos.

No sabemos cómo es tu relación ahora mismo, ¡pero podemos asegurarte que hay esperanza! Vuelve tu corazón a Dios y permítele tratar contigo. No podrás cambiar a tu cónyuge, pero Él sí puede. Entrégale la responsabilidad a Él, y Él comenzará un bonito cambio si tú se lo permites.

Unas Palabras Sobre el Abuso

Queremos dejar claro esto. Esposo, nunca está bien que agredas físicamente a tu esposa. La Biblia dice que debes honrarla como a vaso más frágil (ver 1 Pedro 3:7). Los ataques emocionales o incluso físicos de tu esposa no deben asegurar una respuesta similar. Aléjate si es necesario. No respondas físicamente, aunque solo sea para reaccionar a sus ataques, o dañará la confianza de tu esposa. Ella no se volverá a sentir segura en tus brazos. Si has sido abusivo con tu esposa, arrepiéntete inmediatamente delante de Dios y pídele a tu esposa que te perdone.

Esposa, el deseo natural de tu esposo es protegerte. Dios dio a muchos hombres una fuerza superior por esta misma razón. Quizá consideres que atacar a tu esposo físicamente es un ataque de ira trivial, no dañino mientras no supongan un daño físico. Pero para él, tus ataques son devastadores. Con razón o sin ella, los hombres están hechos para responder físicamente cuando se les ataca. No queremos provocar o evocar lo peor en el otro, sino sacar lo mejor del otro. Si has sido abusiva con tu esposo, arrepiéntete y cesa de inmediato esa conducta.

Quizá te criaste en una cultura familiar de violencia. Quizá tu familia cayó en el abuso verbal, emocional o físico. Queremos que sepas que esa nunca es una manera razonable de resolver el conflicto. La consejería cristiana puede darte las herramientas que necesitas para resolver los desafíos de la vida y la familia de una forma saludable. Muchas iglesias ofrecen estudios en grupos pequeños sobre estos temas. Nunca te avergüences de buscar ayuda profesional y espiritual.

Esto es tanto para los esposos como para las esposas: si tu cónyuge no se siente seguro a tu alrededor, aléjate de su proximidad y trabaja para recuperar la confianza. No intentes forzar la conversación en ningún entorno donde tu cónyuge se sienta en riesgo. Si lo haces, tan solo empeorarás las cosas, y probablemente harás algo que lamentarás después.

Día 2

Ofensa

Perdonar es poner en libertad a un prisionero y descubrir que el prisionero eras tú. —Lewis B. Smedes

Lo primero que hay que limpiar de la cubierta de tu matrimonio es la ofensa. Como la ofensa es tan tóxica, dedicaremos gran parte de este capítulo a hablar solamente de este asunto.

Rehusar perdonar nos roba la libertad y obstaculiza nuestra pasión. Se deleita de manera perversa en perseguir la venganza, una búsqueda interminable a la que solo le acompaña la miseria. El acto de perdonar es un acto de liberación, tanto para el ofensor como para el ofendido.

Muchos creen que el perdón se debería retener hasta que se reciba una recompensa adecuada. ¿Cuántos hemos dicho: "Les perdonaré cuando cambien"? Pero en el reino de Dios, el perdón no es opcional. Es la única forma de vida. Cuanto más perdonamos, más nos volvemos como nuestro Padre del cielo. Si queremos ser agentes de su grandeza, debemos aceptar el poder del perdón.

Pablo nos encomendó:

Sean comprensivos con las faltas de los demás y perdonen a todo el que los ofenda. Recuerden que el Señor los perdonó a ustedes, así que ustedes deben perdonar a otros. (Colosenses 3:13)

Por lo general, esto es duro de digerir. Es un mandato, no una sugerencia, y no se nos da ninguna condición o excepción. Dios nos dice que perdonemos a cualquiera que nos ofenda. Final de la historia.

A menudo hacemos concesiones y ponemos excusas liberales para nuestras propias faltas, y esperamos que otros hagan lo mismo; sin embargo, nos resulta mucho más difícil perdonar las faltas de otros, especialmente de nuestro cónyuge. Pero cualquiera que no sea capaz de perdonar se ha olvidado de lo que le ha sido perdonado. Muchos nos volvemos santurrones y olvidamos que todos merecíamos pasar la eternidad en el infierno. Nuestra ofensa hacia Dios era tan grave que Él tuvo que sacrificar a su único Hijo para revertir sus efectos. Cristo pronunció su perdón desde la cruz, cuando la amargura hubiera sido una elección muchísimo más fácil. Él nos perdonó antes de que nuestra conducta fuera digna de su perdón, y nosotros debemos hacer lo mismo con los demás.

Probablemente no tenemos que convencerte de que tu cónyuge no es perfecto. ¡Nadie lo es! Pero los errores crean oportunidades para que extendamos la gracia de Dios. Nuestra disposición a perdonar es una de las mayores evidencias de Cristo en nosotros.

Soltar las Heridas

Cuando nos casamos, yo (Lisa) me incluía entre las culpables de decir: "Te perdonaré cuando cambies". Hasta que John no cambiara su conducta, mi lista de sus ofensas seguía aumentando. Pensaba que retener mi perdón le motivaría a cambiar, pero le dejaba sintiéndose condenado, sin esperanza y sin poder alguno.

Todo cambió cuando Dios me mostró cómo perdona Él. Su perdón no es una recompensa por una modificación en nuestra conducta. Es un voto de confianza. Cuando Dios renovó mi entendimiento del perdón, reemplazó las palabras de mi boca por las que reflejaban su corazón: "Creo que quieres cambiar, y te perdono".

En ese tiempo, no entendía lo importante que era que yo perdonara a John. Después me di cuenta de que mi amargura hacia mi esposo estaba en disputa con su capacidad de cambiar, porque Jesús dijo:

> *Si ustedes perdonan los pecados de alguien, esos pecados son perdo-*
> *nados; si ustedes no los perdonan, esos pecados no son perdonados.*
> (Juan 20:23)

Durante siglos, este versículo ha sido torcido y aplicado mal convirtién-dolo en una herramienta para propagar el temor y la opresión. No era esa la intención de Jesús. Cuando estudiamos todo el conjunto de su minis-terio, podemos entender el propósito y la importancia de estas palabras. Jesús, más que cualquier otro, entiende el poder del perdón, porque a través del mismo reconcilió lo irreconciliable.

Recuerda: según 2 Corintios 5:17-20 somos ministros de la reconcilia-ción a través de los cuales Dios hace su llamamiento al mundo. Estamos para afirmar y extender el perdón ofrecido en Cristo. Cuando nosotros en vez de eso escogemos mantener una ofensa, dejamos de declarar la es-peranza de Dios y en su lugar nos ponemos de acuerdo con aquel a quien se conoce como el acusador de los hermanos. Expresamos condenación para aquellos a quienes Dios quiere ofrecer un nuevo comienzo. En su comentario sobre las palabras de Jesús, G. L. Borchert lo dice así: "Debe haber un reconocimiento del importante papel que las declaraciones de perdón pueden tener a la hora de liberar a las personas para dejar a un lado sus pecados pasados y sentimientos de culpa y dirigir su atención al gozo de vivir con el Cristo resucitado bajo la dirección del Espíritu Santo".[4]

El perdón es un acto divino. Ninguna otra virtud requiere un sacrificio tan grande del yo. Es una decisión consciente de vulnerabilidad en vez de reivindicación. Pero en el sacrificio del yo encontramos el abrazo de Dios. Al escoger perdonar, rehusamos adorar nuestros sentimientos y en cambio nos sometemos a la verdad de Dios. Y perdonando a nuestro cónyuge creamos la oportunidad de que reconozca y reciba la invitación de Dios a ser remodelado por su gracia.

Cuando acudimos a Dios arrepentidos, su respuesta no es: "Yo soy Dios, y sé que vas a volver a hacer esto dentro de dos semanas". Él simplemente dice: "Te perdono", y nos ofrece el empoderamiento para cambiar. Dios no habla fracaso a nuestro futuro; Él declara esperanza y promesa sobre cada lucha. Hagamos lo mismo unos con otros.

Abre tu Espíritu

Las ofensas nos hacen cerrar nuestro espíritu. En nuestro esfuerzo porque no nos vuelvan a herir, edificamos muros alrededor de nuestro corazón. Quizá pensemos que esos muros nos protegen, pero en realidad obstruyen nuestra capacidad para recibir y dar el amor de Cristo. Sin su amor, nuestra vida estará desprovista de propósito y poder. Nuestra meta será la auto preservación, y nuestras acciones rebosarán egoísmo. Finalmente, nuestro corazón se volverá de piedra y nuestra vida quedará marcada por la indiferencia hacia otros. Esto es la antítesis del mensaje del evangelio.

Quizá reconozcas los nombres del Mar de Galilea y el Mar Muerto. Son dos de las masas de agua más grandes y conocidas de Israel. El Mar de Galilea recibe agua del norte y la libera hacia el sur. Este flujo constante hace que el mar de Galilea contenga vida, y varios habitantes acuáticos se desarrollan dentro de sus profundidades. El Mar Muerto, contrariamente, solo recibe agua. Todo lo que recibe, lo retiene. Como el Mar Muerto no tiene salida, solo puede sobrevivir en su salado ecosistema una bacteria u hongo diminuto, de ahí su nombre.

Cuando retenemos la ofensa, nos volvemos como el Mar Muerto. Nuestros cerrados espíritus hacen que nuestro matrimonio se convierta en un entorno donde nada bueno puede desarrollarse o sobrevivir. A través del perdón, volvemos a abrir nuestro corazón para que el poder de Dios pueda fluir en nosotros y a través de nosotros.

Rehusar dar y recibir perdón inevitablemente nos lleva al envenenamiento del alma. No somos autosuficientes; solo Dios lo es. Nuestra vitalidad requiere un intercambio armonioso con aquellos con los que hacemos vida; debemos dar y recibir libremente.

Los Límites del Perdón

Quizá pienses: *Siento que mi cónyuge constantemente necesita que le perdone. Mi perdón no es inagotable. ¡Tiene que haber un límite!* Los discípulos pensaron de forma similar:

> *Luego Pedro se le acercó y preguntó:—Señor, ¿cuántas veces debo perdonar a alguien que peca contra mí? ¿Siete veces?—No siete veces —respondió Jesús, sino setenta veces siete".* (Mateo 18:21-22)

Cuando Pedro hizo esta pregunta, estaba intentando ser lo más magnánimo posible. Pedro creció bajo la Ley, que decía: "*¡No muestres compasión por el culpable! La regla que seguirás es vida por vida, ojo por ojo, diente por diente, mano por mano, pie por pie*" (Deuteronomio 19:21). Así que cuando Pedro ofreció perdonar hasta siete veces, esperaba que Jesús dijera: "Sí, Pedro, ¡lo has entendido!".

Sabemos por otros pasajes del Nuevo Testamento que la oferta de Pedro de perdonar siete veces era el número de veces que él pensaba que podía necesitar perdonar a alguien en un día (ver Lucas 17:3-4). Así que la respuesta de Jesús, perdonar "setenta veces siete", no era meramente un mandato para un límite mayor de perdón para una vida de ofensas. Estaba diciéndole a Pedro que el perdón se debía dar sin medida.

Para que alguien pecara al nivel que Jesús describió, ¡debía cometer 490 ofensas en un solo día! Para pecar de esa forma, tu cónyuge debería ofenderte una vez cada tres minutos, suponiendo que ninguno de los dos se fuera a dormir. Eso es mucho pecar, más de lo que cualquiera probablemente consiga nunca. Pero, aunque tu cónyuge pudiera pecar contra ti más de 490 veces al día, eso no significa que puedas dejar de perdonarle cumplidas las 490 veces.

En la Biblia, el número siete simboliza la perfección, específicamente entre el cielo y la tierra. Jesús usó el número 490, un múltiplo de siete, para expresar que debemos perdonar perfectamente, siguiendo el estándar de nuestro Padre celestial. Este generoso perdón solo es posible porque hemos sido restaurados con Dios por medio de Cristo. En Él, hay armonía entre el Padre y sus hijos. Estamos, por lo tanto, capacitados para perdonar porque somos nuevas criaturas con corazones nuevos. Nuestros corazones han recibido libremente su perdón, y para seguir estando espiritualmente sanos debemos ofrecer libremente el perdón a otros.

Sabemos que Jesús quiere que nuestro perdón sea inagotable porque después de su conversación con Pedro, contó una parábola sobre un rey que perdonó y un siervo que no perdonó, que terminó con esta explicación:

> *Entonces el rey, enojado, envió al hombre a la prisión para que lo torturaran hasta que pagara toda la deuda. Eso es lo que les hará mi Padre celestial a ustedes si se niegan a perdonar de corazón a sus hermanos.* (Mateo 18:34-35)

No recibiremos perdón si rehusamos perdonar. No hay excepciones. ¿Por qué es tan importante para Dios que perdonemos? Porque en el perdón descubrimos e imitamos su naturaleza. Trascendemos las limitaciones de nuestra inherente miseria humana y en su lugar nos conformamos a la imagen de nuestro Padre. En el perdón de Dios somos restaurados, y somos invitados e incluso se nos ordena, que extendamos su plenitud a quienes perdonamos. Si tu cónyuge te pide constantemente perdón, entonces Dios le ha bendecido con la oportunidad de ser un agente de su poder sanador.

Para saber más sobre el tema de la ofensa, ver el libro de John, *La Trampa de Satanás*.

Día 3

La Pelea: La Historia de John

Hubo un tiempo en nuestro matrimonio en el que estuvimos ofendidos entre nosotros unos dieciocho meses seguidos. La misma discusión volvía a surgir una y otra vez. Incluso hacíamos sutiles burlas el uno al otro delante de nuestros hijos. Los mayores no estaban ajenos a lo que estaba ocurriendo y hacían comentarios como: "¿Pueden por favor no hablar de esto durante la cena?". Nuestro dolor y falta de unidad era una fuente de tensión constante en nuestra casa, y estaba carcomiendo nuestro matrimonio y nuestra familia.

Una noche, después de reñirnos el uno al otro como solíamos hacer, yo (John) salí hecho una furia de casa. Estaba furioso con Lisa, y de inmediato comencé a quejarme con Dios. Lamentaba los defectos de Lisa y lo corta de vista que era; me sentía como si Dios me hubiera atascado con una esposa que no me apoyaba y me criticaba de forma innecesaria. ¿Cómo, me preguntaba yo, podría continuar en la vida con una esposa así?

Nunca olvidaré cómo respondió Dios. El Espíritu Santo no me dijo ni una palabra sobre lo apenado que estaba por mí, ni hizo alusión al dolor que yo sentía; en su lugar, simplemente me susurró: "Hijo, quiero que pienses en una cosa que aprecias de Lisa y después me des las gracias por ello".

Me costó responder, pero finalmente murmuré: "Es una buena mamá". Cuando las palabras se escaparon de mi boca, sentí un comienzo de vida en mi alma. Dios me animó a continuar. Dije: "Señor, gracias porque Lisa realmente es una buena cocinera". Después: "Gracias porque es hermosa". Más palabras comenzaron a fluir, y comencé a enumerar con gratitud las buenas cualidades de Lisa a la velocidad de una ametralladora.

En ese momento dejé de estar enojado con Lisa; estaba enojado conmigo mismo. Pensé: *¡Eres un completo idiota! Tu esposa es maravillosa, y has sido* *un patán para ella. ¿Qué te ocurre?* Comencé a ser dolorosamente consciente de lo mal que había tratado a Lisa. Ella era la esposa que yo había escogido y la madre de nuestros hijos, una total bendición de Dios, y le había tratado como un inconveniente para mi llamado.

Cuando salí de casa, Lisa estaba harta de mí y yo de ella, pero después tan solo quería volver y decirle lo agradecido que estaba por ella. Mientras me apresuraba a casa, pensaba para mí: *Puede que no sea bien recibido, pero tengo que decirle lo agradecido que estoy por ella.*

Cuando llegué a casa, encontré a Lisa y exclamé: "Lisa, ¡lo siento mucho! He sido un patán; por favor, perdóname. Eres una madre increíble y una mujer excelente, y eres el deseo de mi corazón". Compartí con ella lo que Dios me había hecho recordar, y después comencé a elogiarla por todos los rasgos magníficos, cualidades y dones que tenía. Las palabras salieron de mi corazón como un río.

Mientras hablaba, Lisa se ablandó y comenzó a llorar. Sin yo saberlo, mientras había estado fuera, ella había orado: "Dios, si traes de regreso a John y me dice que lo siente, volveré a abrir mi corazón".

La Pelea: La Historia de Lisa

Las cosas habían ido tan mal durante esos dieciocho meses que dejé de ponerme mi anillo de bodas. Le decía a John que estábamos casados, pero no comprometidos, sea lo que fuera que eso significaba. Comencé a creer que ya no amaba a John. Mi renuncia a perdonar había hecho que mi corazón comenzara a enfriarse, y nuestra relación estaba en grave peligro.

En ese entonces John viajaba mucho, y yo comencé a disfrutar de su tiempo fuera más de lo que disfrutaba cuando él estaba en casa. *La vida es más fácil cuando está fuera,* pensaba yo. *Lo único que hace es volverme loca cuando está en casa, todo el tiempo peleando y llenos de tensión.*

Desesperada, comencé a clamar al Señor: "Dios, estamos en un punto muerto. ¡John no está siendo amable en absoluto! Padre, ¡sé que debes de estar enojado con su conducta!".

Yo seguía y seguía, casi diariamente presentando mi caso delante del Padre. Pero cuando finalmente me callé, le oí decir: "Lisa, dime que soy suficiente para ti".

Al principio tenía un poco de miedo. Si decía que Dios era suficiente, ¿significaría eso que John no iba a cambiar? Le repetí sus palabras: "Padre, tú eres suficiente para mí".

Entonces me vi a mí misma repitiendo la pregunta. "¿Pero ¿qué hay de John?".

De nuevo escuché: "Dime que yo soy suficiente para ti".

"Tú eres suficiente para mí".[5]

Esas palabras se convirtieron en mi estribillo. Cada vez que el conflicto o el enfado surgían, oraba: "Jesús, tú eres suficiente para mí". Con el tiempo, la revelación echó raíces en mi corazón y mis oraciones se transformaron. Lo que comenzó como una confesión rota ("Jesús, tú eres suficiente para mí") se convirtió en un brote de satisfacción en Dios: "Jesús, ¡tú eres más que suficiente para mí!".

Poco después Dios había hecho su trabajo en ambos corazones. John llegó a casa de un viaje, y yo le fui a recoger alegremente al aeropuerto (una tarea que había dejado que otros hicieran durante los meses en los que prefería que él no estuviera en casa). Estaba contenta de saludar a mi marido, y descubrí que él me había traído un bonito regalo.

Ese momento marcó un nuevo comienzo para nuestro matrimonio. Es interesante que incluso antes de que ocurriera el cambio, Dios abrió los corazones de ambos mediante la gratitud.

En el matrimonio, si nos comprometemos a imitar el ejemplo de Jesús de perdonar incluso cuando somos maltratados, veremos que nuestras uniones se mantienen saludables e incluso florecen. Sin nosotros saberlo en ese tiempo, uno de los mayores ejemplos que dimos a nuestros hijos fue decirnos el uno al otro que lo sentíamos y después perdonarnos. Nuestros hijos llegaron a entender que somos habitantes imperfectos que vivimos en un mundo imperfecto, pero el perdón perfecto de Dios en nuestro corazón puede cubrir multitud de pecados. Esos pecados, diseñados para debilitar y destruir nuestra unión, de hecho, terminaron convirtiéndose en lecciones de vida para nuestros hijos del amor, la gracia y el perdón de Dios. Vimos esas palabras de sabiduría cumplidas en nuestra familia:

> *Cuando se perdona una falta, el amor florece (…)* (Proverbios 17:9)

Si escoges aferrarte a la ofensa, todos pierden porque el amor merma; sin embargo, cuando escoges perdonar, todos en tu familia ganan porque el amor florece.

Temor

Lo siguiente que debes tratar en tu relación es el temor. Durante los primeros diez años de nuestro matrimonio, yo (Lisa) luché con el temor al abandono. Mi padre y mi primer pastor abandonaron ambos a sus esposas por mujeres más jóvenes. Debido a lo que yo había experimentado, permití que pensamientos de temor se quedaran desatendidos en mi mente. No gritaban; susurraban, diciendo: *Al final todos los hombres se van. No les dejes acercarse demasiado. Así no podrán decepcionarte.* Ese tipo de pensamiento me hizo incluso resistirme a las pequeñas muestras de afecto. Cuando John me abrazaba, enseguida comenzaba a darle palmaditas para que me soltara.

Un día, después de una de mis "palmaditas y apartamientos", John me preguntó sin rodeos: "¿Cuánto tiempo tendrá que pasar para que te des cuenta de que no voy a dejarte? ¿Vas a esperar hasta que tengamos setenta años?". Me quedé pasmada.

"Esperaré lo que sea necesario", continuó, "pero nos vamos a perder mucha diversión durante la espera".

Me di cuenta de que le estaba haciendo pagar a John las decepciones que yo había tenido con otros hombres. Pensaba: *¿Por qué tiene que pagar John por los defectos de ellos? Eso no es justo. En un esfuerzo por protegerme, estoy saboteando nuestra relación.* Mi temor a perder a John en el futuro nos estaba robando a los dos el presente. Decidí entonces que iba a amar a John por completo, incluso a riesgo de perderlo, antes que amarlo a medias y mirar atrás un día y lamentar lo que podría haber sido.

El temor y la desconfianza nos impiden florecer en el matrimonio, porque el temor se aferra tenazmente al pasado mientras que rehúsa creer que algo mejor pueda surgir en el futuro. Si queremos que Dios haga algo nuevo en nuestro matrimonio, debemos escoger abandonar el temor y aceptar lo que el amor pronostica para nuestro futuro. El temor espera el fracaso, mientras que el amor finalmente nunca puede fallar.

El temor es una fuerza espiritual en clara oposición al amor de Dios y su protección en nuestras vidas. Es lo opuesto al amor, porque tanto el amor como el temor operan en base a la creencia en lo invisible. El amor nos reta a dudar de lo que vemos y a creer lo que no podemos. El temor nos urge a creer en lo que vemos y a dudar de lo invisible. Cuando nos vemos ante el temor al fracaso o la esperanza del amor, podemos escoger creer una u otra cosa, pero no ambas. El temor desplaza al amor; el amor echa fuera el temor.[6]

> *El amor perfecto expulsa todo temor. Si tenemos miedo es por temor al castigo, y esto muestra que no hemos experimentado plenamente el perfecto amor de Dios. Nos amamos unos a otros, porque él nos amó primero.* (1 Juan 4:18-19)

La capacidad del amor para transformar es mayor que la capacidad del temor para atrapar. El perfecto amor que echa fuera el temor solo se encuentra en la experiencia del amor de Dios. Mediante el poder de su amor podemos olvidarnos de la preocupación de uno mismo, porque sabemos que Dios cuidará fielmente de nuestras necesidades. Pero si no pasamos tiempo en la presencia de Dios, no podemos tener un conocimiento íntimo de su naturaleza amorosa; porque su fidelidad se manifiesta en su presencia.

Sin conocimiento de la verdadera naturaleza de Dios, viviremos en constante temor a que Él o nuestro cónyuge nos abandone, lo cual es una forma torcida de castigo. Al estar cada vez más seguros en el amor de Dios por nosotros, podemos ser libres del temor y ofrecer un amor desinteresado a nuestro cónyuge. La Palabra de Dios dice:

> *Sigamos amándonos unos a otros, porque el amor viene de Dios. Todo el que ama es un hijo de Dios y conoce a Dios; pero el que no ama no conoce a Dios, porque Dios es amor.* (1 Juan 4:7-8)

La fortaleza del temor es lo que nos hace decir cosas como: "Si mi cónyuge alguna vez me engaña, nunca le perdonaré". Estas promesas, que tienen la intención de protegernos en el futuro, nos impiden aceptar el poder del amor de Dios en el presente. Debemos aprender a confiar en que Dios cuida de nuestro corazón, incluso aunque un cónyuge nos hiera, rechace o traicione. Dios nos ha pedido que le rindamos a Él nuestros temores. No querer hacerlo le dice a Dios que no creemos en su capacidad para dirigir nuestra vida. No podemos someternos al señorío de Jesús sin rendir nuestros temores a Él.

Día 4

Maldiciones Familiares

Al comienzo de nuestro matrimonio sabíamos que Dios quería hacer algo nuevo en nosotros y en nuestros hijos, pero existían algunas fortalezas obvias entre nuestros padres y abuelos: cosas como alcoholismo, inmoralidad y brujería habían plagado nuestro linaje familiar. Antes de poder recibir un nuevo legado, tuvimos que confrontar las maldiciones que habían afectado a nuestras familias durante generaciones. Esas cosas solo se podían combatir con oración y desmantelar con la Palabra de Dios.

Los detalles de las maldiciones familiares tienen un aspecto distinto en cada pareja, pero este es un ejemplo. En un capítulo previo mencionamos que nuestros trasfondos familiares eran bastante distintos. Yo (Lisa) estaba preocupada por cómo la familia de John reaccionaría a mi obvia disfunción. En nuestra cena de compromiso, mi padre estaba borracho y comenzó a coquetear descaradamente con la madre de John, ¡justo delante de su esposo! Sus acciones estaban dirigidas a hacer daño a mi madre en vez de ser intenciones reales con la madre de John. Después, la madre de John expresó su profunda preocupación porque nuestro matrimonio fuera la primera vez en que alguien con divorcio en su trasfondo se hubiera unido a su impoluto clan. Yo le escuché decir sin que se diera cuenta: "Nunca antes ha habido un divorcio en nuestra familia".

Yo pensé: *¿Será así como me ve? ¿Voy a estropear este linaje?*

Salí de la cena sintiendo tanto el dolor de mi madre, como mi propia vergüenza. Parecía como si hubiera balanzas que pudieran medir el "bien" y el "mal" prematrimonial de la contribución familiar, en la que el bien estaba claramente inclinado a favor de John. Yo estaba aportando todo lo malo: adulterio, divorcio y adicción estaban entre los problemas de mi linaje familiar.

El cambio llegó cuando me di cuenta de que Dios no estaba preocupado por el bien de John o mi mal. Él quería un linaje santo.

> *Escúchame, oh hija de la realeza; toma en serio lo que te digo: olvídate de tu pueblo y de tu familia, que están lejos. Pues tu esposo, el rey, se deleita en tu belleza; hónralo, porque él es tu señor… Tus hijos se convertirán en reyes como su padre; los harás gobernantes de muchas tierras. Traeré honra a tu nombre en todas las generaciones; por eso, las naciones te alabarán por siempre y para siempre.* (Salmos 45:10-12, 16-17).

Este pasaje es principalmente una descripción de Jesús y su novia, pero Dios lo usó para pintar un dibujo de su promesa para mi vida, una promesa no limitada por los errores del pasado de mi familia. Cuando leí las palabras *oh hija de la realeza*, algo en mí cobró vida. Dios me estaba hablando a *mí* como su hija de la realeza. En ese momento, me fue revelado un nuevo entendimiento de mi identidad en Cristo. Rechacé las fortalezas de mi pasado y acepté una nueva esperanza para el futuro de mi familia.

Me di cuenta de que en vez de la imagen de mi padre natural (un hombre adúltero, alcohólico y profundamente quebrantado), mis hijos heredarían no solo la imagen de su padre terrenal (un hombre piadoso), sino incluso más, ellos heredarían la semejanza de su Señor. Me aferré a esa promesa de que mis hijos se convertirían en príncipes del Altísimo.

Al tratar nuestras maldiciones familiares, vimos la Palabra de Dios cumplida verazmente. Nuestra familia ha florecido en las promesas que Dios estableció sobre nuestras vidas durante esos tiempos de oración y declaración.

Oración para Romper Maldiciones Familiares

Gálatas 3:13 dice: *"Cristo nos rescató de la maldición de la ley haciéndose maldición por causa nuestra (...)"* (DHH). Pese a cualquier maldición que haya seguido a tu familia durante generaciones, en Cristo, ya no estás sujeto a ellas.

Si conoces de maldiciones en tu linaje familiar, queremos ayudarte a romper lo que ha limitado y definido tu legado. Esta oración te ayudará a tratar las fortalezas de Satanás con la espada de la Palabra de Dios. La libertad de las maldiciones familiares no sucede por accidente; debes identificar y atacar las tácticas de Satanás. Su meta es impedir que disfrutes del gozo, la paz y la realización que Dios ha puesto delante de ti, pero mediante la autoridad que ahora posees en Cristo, puedes ver cómo tu enemigo es derrotado.

Por favor, toma un momento para hacer una pausa y apartar tiempo antes de seguir con esta oración. Si planeas orar en este instante, por favor asegúrate de que estás a solas o solo con tu cónyuge o un amigo cercano o un compañero de oración. Este es un tiempo privado y personal, y tendrás que decir en voz alta tus peticiones, renuncias y respuesta.

La oración siguiente trata algunas de las maldiciones concretas que amenazaban nuestro matrimonio y nuestra familia. Hemos construido esta oración combinando versículos, porque la Palabra es la Espada de dos filos del Espíritu, afilada y poderosa. Si hay asuntos en tu línea familiar que no cubre esta oración, te animamos a encontrar versículos que traten esos asuntos con la verdad y la promesa de Dios. Crea una declaración valiente en acuerdo con la Palabra de Dios y rompe las maldiciones de tu vida por el poder del nombre de Jesús. Hemos incluido versículos para que estudies más al final de la oración.

Amado Padre celestial:

Vengo ante ti en el nombre de tu precioso Hijo Jesús; entro por tus puertas con acción de gracias y vengo a tus atrios con alabanza. Estoy abrumado por tu gran misericordia y amor por mí, y te doy gracias de antemano por la poderosa obra de redención que has producido en mi vida.

Ahora quiero hacer un pacto con el SEÑOR, el Dios de Israel. Tú eres el SEÑOR, el Dios del cielo y de la tierra, el gran y asombroso Dios, que mantiene su pacto de amor con los que le aman y obedecen sus mandamientos. Que tu oído esté atento y tus ojos abiertos para oír la oración de tu siervo. Confieso mis pecados y los pecados de la casa de mi padre, cada transgresión que hemos cometido contra ti. Perdónanos, porque hemos actuado vilmente contigo. Hemos estado cubiertos de vergüenza porque hemos pecado contra ti. Pero tú, Señor, Dios nuestro, eres misericordioso y perdonador, incluso aunque nos hemos rebelado contra ti y no hemos obedecido al SEÑOR nuestro Dios ni hemos guardado las leyes que Él nos dio mediante sus siervos, los profetas. Te pedimos que circuncides nuestro corazón y que trates con el pecado, la vergüenza y el reproche de nuestro pasado.

Confieso y renuncio a mi pecado y a los pecados de mis anteceso-res por cualquier participación en lo oculto, brujería o adivinación. (Haz aquí una pausa, y mantente sensible para añadir cualquier cosa que el Espíritu Santo te muestre para que renuncies específicamente antes de continuar. Esto podría incluir, y no está limitado a: astrología, espiritismo, películas de terror, juegos, libros, etc.). *Renuncio a participar en estas cosas y rompo su maldición sobre mi vida y sobre las vidas de mis hijos, sus hijos y los hijos de sus hijos.*

Confieso y renuncio a mi pecado y/o los pecados de mis antepasa-dos en el área del abuso de drogas o alcohol. Padre, cierro cualquier puerta que esto haya podido abrir en el mundo espiritual al pecado, atadura u opresión. Renuncio a haber consumido (específicamente pronuncia las drogas por su nombre, si es aplicable), *y rompo el poder de su maldición en mi vida y en las vidas de mis hijos, de sus hijos, y de los hijos de sus hijos. En el nombre de Jesús. Amén.*

Seguiremos construyendo sobre este principio tratando con maldiciones y ataduras del alma relacionadas con el pecado sexual en otro capítulo más adelante. Debido a la finalidad de la victoria de Jesús en la cruz, eres libre de estas maldiciones. No debes tener miedo a ellas ni preocuparte de que esos pecados te sigan a ti o a tus hijos, pues has establecido un nuevo legado para tu familia hoy.

Para estudiar más, ver: *Salmos 100:4; 2 Crónicas 29:10-11; Nehemías 1:5-7; Daniel 9:8-10; Josué 5:9; Mateo 10:34; Hebreos 4:12; 2 Crónicas 29:5-6.*[7]

Día 5

Suegros Controladores

El asunto de los suegros controladores es más común entre los recién casados, pero ciertamente puede estar presente una vez acabados los primeros tiempos del matrimonio. Cuando surge el conflicto entre nuestro cónyuge y nuestra familia, es natural querer defender a los padres (u otras relaciones) que hemos conocido durante toda nuestra vida. Todos deberíamos tener un gran amor y respeto por nuestros padres, pero, aunque quizá a menudo recibes bien el consejo de tus padres, cuando te casas, tu primera obligación es hacia tu cónyuge.

Antes de que se casara nuestro hijo mayor, yo (John) le dije: "Addison, no te diré lo que debes hacer en ningún área a menos que tú me pidas consejo. Ya no iniciaré más la dirección en tu vida. Tú estás estableciendo tu propio hogar, y quiero darte tu espacio para que aprendas y crezcas". Addison ha expresado su gratitud por esta postura y acude a mí siempre que quiere mi consejo.

Mi deseo no es controlar a mi hijo o moldearle para que sea un mini yo. Quiero que Addison se convierta en todo aquello para lo que Dios le creó, y si me entrometo mucho en su matrimonio podría impedirle asumir su papel como líder de su hogar. (Francamente, me ha sorprendido lo que ha hecho con su hogar. Es mucho mejor que lo que yo había logrado cuando tenía su edad).

La Escritura es clara:

> **Dejará** *el hombre a su padre y a su madre y se unirá a su mujer, y serán una sola carne.* (Génesis 2:24 RVR1960, énfasis añadido)

Dejar a tu padre y a tu madre en este sentido significa dejar la autoridad de la casa de tu padre. También significa dejar cualquier influencia insana que tus padres tengan sobre ti. Es importante honrar a tus padres, pero puedes honrarlos sin obedecerlos. Tú has formado un nuevo hogar con una nueva jerarquía; tus padres ya no son tus figuras de autoridad, así que no deberían dirigir tu vida o tu matrimonio.

Puede que tengas que tratar con unos suegros que intentan involucrarse demasiado en tu matrimonio. Desde muy pronto, uno de nuestros suegros intentaba manipularnos y traer división a nuestra unión; su participación se estaba convirtiendo en algo destructivo, y nuestros sutiles intentos de tratar el asunto eran en vano. Finalmente, nos reunimos con esta persona (a la que ambos honramos y amamos) y le expresamos nuestra posición claramente.

Yo (John) dije: "Usted no estará involucrada en la dirección de mi hogar. Este es un nuevo hogar. Nosotros le honramos, pero no podrá controlar las decisiones de esta casa. Usted no manipulará para conseguir lo que quiera". Tuve que usar palabras fuertes porque los enfoques más indirectos habían fallado. Por fortuna, este familiar se dio cuenta de lo que estaba sucediendo, y ahora tiene un lugar apropiado y saludable en nuestra relación.

Como parejas, debemos guardar nuestras uniones contra toda forma de ataque, incluyendo los de los miembros de nuestra familia. A menudo esos ataques no son maliciosos y pueden parecer inocuos; con frecuencia adoptan la forma de burlas derogatorias, pero esos sutiles comentarios son siempre destructivos. Cuando oficio ceremonias matrimoniales, miro a todos los amigos y familiares asistentes y digo: "Ay de aquellos que hablen en contra de esta unión. Esta es una unión ordenada por Dios. No se atrevan a intentar manipularla o separarla. Declaren solamente vida sobre lo que Dios ha establecido hoy".

Cuando Addison se casó, decidimos intencionalmente no hacerle escoger entre su esposa Juli y nosotros. La verdad es que él tomó su decisión el día que se casó con Juli, ¡y nos entusiasmó su decisión! En este contexto de dinámicas familiares, el amor nunca hace que las personas escojan. El amor apoya y construye puentes entre las antiguas y las nuevas relaciones. Amamos a Juli y sentimos que es mucho más una hija que una nuera. Esta cercanía solo es posible porque hemos respetado su nuevo hogar y les hemos permitido a ella y a Addison escribir su propia historia.

Expectativas Irrealistas

Las expectativas irrealistas están entre las principales razones dadas para el divorcio en los Estados Unidos.[8] Muchos de nosotros entramos al matrimonio esperando una felicidad perpetua, sexo continuo y paz relacional. No esperamos que el matrimonio exponga de manera fiel e incesante nuestro egoísmo e inseguridades, ni anticipamos la debilidad y las faltas que encontramos en nuestro cónyuge. Nuestras expectativas mal dirigidas se pueden convertir en una fuente de amargura y descontento, lo cual invariablemente nos impide edificar buenas uniones.

Las expectativas irrealistas a menudo están impulsadas por una mala comparación. Hemos entrado en una cultura orientada hacia el entretenimiento y, por lo tanto, estamos constantemente delante de oportunidades de comparar nuestros matrimonios con los que vemos en la pantalla. Las películas y la televisión nos ofrecen amor sin trabajo, belleza sin sacrificio y confianza sin riesgo. Subrayan las facetas románticas de la relación sin bosquejar los momentos de la vida más distintos de *Hollywood*.

Si llevas casado algo de tiempo, te habrás dado cuenta de que el matrimonio está hecho de mucho más que citas románticas, perfecta compatibilidad y días libres de responsabilidades. El matrimonio es un trabajo duro, y a menudo es difícil.

Solo porque tu matrimonio sea difícil no significa que no debas estar casado. Los retos en el matrimonio son buenos porque te obligan a estirarte, refinan tu carácter y aumentan tu capacidad. Esta relación tiene que ver con la *grandeza*, ¿recuerdas? A todo el mundo le encanta la idea de crecer y madurar hasta que encuentran algo que requiere madurez.

El asunto de las expectativas irrealistas no tiene que ver solo con la imagen que los medios de comunicación dan del matrimonio. También cometemos el error de comparar nuestro matrimonio con el de nuestros amigos y vecinos. Esta es una idea horrible. No hay forma de que sepamos qué está ocurriendo detrás del telón de sus relaciones; todo puede parecer bueno y bonito, pero puede que se estén destruyendo el uno al otro tras bambalinas.

También es tentador comparar etapas dentro de nuestras relaciones. Quizá comparamos una etapa actual, con niños, pañales y poco tiempo libre, con lo que era nuestro matrimonio antes de tener hijos. Lógicamente, eso no tiene sentido alguno. No hay manera de que tu vida pueda quedarse exactamente igual ahora que tienen hijos. Ser padre o madre conlleva mucha menos libertad y mucha más responsabilidad. Tener hijos inherentemente te cambia la vida, así que tu relación matrimonial también será distinta. Sabemos que esto no es ciencia exacta, pero ¿cuántas veces nos vemos haciendo comparaciones necias que menosprecian o minan el gozo y la satisfacción disponibles en el presente?

Theodore Roosevelt dijo: "La comparación es el ladrón del gozo". Si quieres encontrar gozo en tu matrimonio, debes dejar de comparar tu relación con las que te parecen mejores, al margen de que las otras relaciones sean las de tus vecinos o las que dibujan en la gran pantalla. Nunca encontrarás gozo en la comparación. El gozo no es insignificante y, por lo tanto, no se puede obtener mediante la mezquindad. Trasciende las circunstancias, no está confinado a los sentimientos y encuentra su fortaleza en una conciencia del cuadro general, la totalidad del plan de Dios para tu vida.

El gozo es un fruto del Espíritu (ver Gálatas 5:22-23), lo cual significa que se recibe de Dios y no de las circunstancias, ni se puede generar mediante la voluntad humana. Mientras que la felicidad es un sentimiento afectado por las luchas temporales, el gozo trasciende las dificultades. Se deriva de la esperanza que inspira nuestra posición en Cristo. Si nos falta gozo en Dios, nos faltará la fortaleza necesaria para vivir bien el matrimonio, porque su gozo es nuestra fortaleza (ver Nehemías 8:10). Pablo se hace eco de este sentimiento en sus palabras a la iglesia en Filipo:

Alégrense siempre en el Señor. Repito: ¡Alégrense! Que todos los conozcan a ustedes como personas bondadosas. El Señor está cerca.

No se aflijan por nada, sino preséntenselo todo a Dios en oración;
pídanle, y denle gracias también. Así Dios les dará su paz, que es
más grande de lo que el hombre puede entender; y esta paz cui-
dará sus corazones y sus pensamientos por medio de Cristo Jesús.
(Filipenses 4:4-7 DHH)

Cuando te encuentres ansioso por tu relación, lleva tus peticiones a Dios con un gozoso agradecimiento. Él ha prometido cambiar tus preocupaciones por su paz. ¡Ese es un buen intercambio!

Las expectativas irrealistas te robarán el gozo y, por lo tanto, te robarán la fortaleza de tu matrimonio. No caigas preso de esta trampa. Identifica cualquier expectativa que haya creado una fortaleza en tu relación y arrepiéntete por permitir que adquiera prioridad sobre la verdad de la Palabra de Dios y su plan único para tu vida.

Su Turno

Por favor, aparta un tiempo para hablar con tu cónyuge sobre el contenido cubierto en este capítulo. Pídele al Espíritu Santo que te guíe mientras escribes lo que tienes que limpiar en tu matrimonio. Algunas de las alteraciones necesarias serán ajustes de actitud y cambios de conducta, lo cual Dios te ayudará a realizar mediante el poder de su gracia. Otras, como maldiciones generacionales, se deben confrontar en oración.

No te desanimes si ves que tu lista llena varias páginas. Este ejercicio no se trata de cuánto hay "mal" en la actualidad, ni se trata sobre quién de los dos en tu matrimonio tiene más problemas. Se trata de las cosas grandes que pueden producirse en el futuro. Al tratar esos asuntos ahora, estás posicionando a tu familia para escribir una brillante historia, un legado del cielo revelado en la tierra. Queremos que limpies la cubierta para que puedas avanzar libre de todo lo que te pudiera impedir recibir todo lo que Dios tiene para ti. Hemos construido la oración de abajo para ayudarte a iniciar el camino.

Que este sea un momento sagrado.

Padre, te damos gracias por ofrecernos un nuevo comienzo y un nuevo legado. Al hacer recuento de las cosas que debemos limpiar en nuestra relación, oramos para que nos rodee una atmósfera del cielo. Te pedimos, Espíritu Santo, que nos dirijas y enseñes. Oramos pidiendo que los ángeles de Dios acampen a nuestro alrededor, listos para ejecutar venganza sobre el enemigo que ha afectado a nuestras familias de generación en generación. Pedimos una gran gracia que capacite el perdón y la transformación. Pedimos la renovación de nuestra mente según tu Palabra. Pedimos una revelación de tu amor que echa fuera todo temor. Pedimos una restauración de la confianza y un refinamiento de las relaciones. Pedimos que nos traigas unidad donde ha habido división.

Pedimos que nos inspires para soñar según tus promesas, no según ninguna otra expectativa mundana.

Declaramos libertad sobre nuestra casa. Declaramos libertad en nuestro matrimonio y en nuestras vidas como individuos, en el nombre de Jesucristo. Declaramos que el reino de Dios ha entrado en nosotros. La voluntad de Dios será cumplida en nuestro matrimonio y en nuestro hogar, como en el cielo así también en la tierra. En el poderoso nombre de Jesús, amén.

Devocional Día 1

Chequeo familiar

Pruébense cada uno para asegurarse de que siguen firmes en
la fe. No se dejen llevar dando las cosas por sentado. Háganse
chequeos regularmente. Tengan evidencias de primera mano,
no meras habladurías, de que Jesucristo está en ustedes.
Pruébenlo. Si fallan la prueba, hagan algo al respecto.
(2 Corintios 13:5 MSG)

Para avanzar, a veces es útil mirar atrás y entender cómo llegaste hasta
donde estás. Este chequeo familiar te ayudará a evaluar y tratar el desor-
den que tengas que limpiar de la cubierta de tu matrimonio. Dedica unos
momentos para detenerte, pensar y responder honestamente.

Piensa en tu infancia. ¿Cómo describirías la atmósfera general de tu
hogar?

*Ejemplos: pacífica, caótica, amorosa, falta de amor, abierta, cerrada, genero-
sa, tacaña, temerosa, maravillosa, cálida y acogedora o fría y hostil.*

Describe brevemente la relación general de sus padres (comunicación,
afecto, amistad, etc.).

¿Cómo solucionaban tus padres los desacuerdos y conflictos? ¿Cómo se trataban el uno al otro?

Cuando hacías alguna travesura o te portabas mal, ¿cómo te corregían? Tras la corrección, ¿se te echaba en cara tu ofensa durante un tiempo, o eras restaurado del todo y te mostraban amor?

TERMINA ESTAS FRASES:

"Las cosas que **disfrutaba** de niño y quiero repetir en mi hogar son...".

"Las cosas que **odiaba** y que no quiero repetir en mi matrimonio y familia son...".

Revisa tus respuestas y compáralas con tu actual matrimonio y vida familiar. ¿Qué *similitudes* ves en la atmósfera de tu hogar, tu relación con tu cónyuge, cómo resuelves los conflictos y cómo disciplinas a tus hijos? ¿Ves alguna conexión?

Basado en este inventario, ¿qué tienen que limpiar tu cónyuge y tú de la cubierta de su matrimonio?

Comparte las respuestas con tu cónyuge. Ora y rinde todo lo que tengas que limpiar mediante el Espíritu Santo.

Devocional Día 2

SEAN COMPRENSIVOS

*Sean **comprensivos** con las faltas de los demás y perdonen a todo el que los ofenda. Recuerden que el Señor los perdonó a ustedes, así que ustedes deben perdonar a otros.*
(Colosenses 3:13)

¿Eres comprensivo con tu cónyuge? Estamos hablando de darle margen cuando se equivoca, margen para crecer en la imagen de Dios por su gracia. El hecho es que todos necesitamos comprensión porque todos tenemos faltas. Cuando perdonamos, imitamos a nuestro Padre celestial, convirtiéndonos en canales de su gracia que empoderan a nuestro cónyuge para cambiar. En las palabras del escritor **C. S. Lewis**:

> Ser cristiano significa perdonar lo inexcusable, porque Dios ha perdonado lo inexcusable en nosotros. Esto es difícil. Quizá no es tan difícil perdonar una sola ofensa, pero perdonar las incesantes provocaciones de la vida diaria, seguir perdonando una vez tras otra a esa suegra mandona, a ese esposo abusivo, a esa esposa puntillosa, a esa hija egoísta, a ese hijo embustero, ¿cómo podemos conseguirlo? Solo, creo yo, recordando dónde estamos posicionados, dándoles vida a las palaras que repetimos en nuestras oraciones cada noche: 'Perdónanos nuestras deudas, *así como nosotros perdonamos a los que nos ofenden*'. Se nos ofrece perdón bajo estos términos. Rehusarlo significa rehusar la misericordia de Dios para nosotros. No hay excepción alguna, y Dios lo que dice lo dice en serio.[9]

¿En qué áreas necesitas que tu cónyuge sea comprensivo contigo? ¿Dónde necesitas margen para cometer errores y crecer en buen carácter? Nombra tres áreas que conozcas y en las que estés trabajando ya.

Nombra tres áreas en las que tu cónyuge necesite tu comprensión. ¿Se la estás dando? Si no, ¿por qué?

¿Qué dice Dios que ocurrirá si decides retener la ofensa contra tu pareja? Lee con detenimiento Mateo 6:14-15; 18:21-35; Marcos 11:25 y escribe lo que te revele el Espíritu Santo.

El perdón de Dios ¡es *ilimitado*! Si te cuesta perdonar a tu cónyuge, toma un tiempo para mirar atrás a tu propia vida. ¿En qué formas has ofendido al Señor con tus pensamientos, palabras y acciones? Al recordar la profundidad de tu propio pecado y el dolor insoportable que sufrió Jesús para pagar por él, el Espíritu Santo ablandará tu corazón y te dará gracia para perdonar.

UNA ORACIÓN PARA ARREPENTIRTE Y SOLTAR

"Señor, perdóname por retener la ofensa contra mi cónyuge. No quiero seguir escribiendo una lista con sus errores. Tú perdonaste mis pecados y nunca me los has echado en cara. Dame el poder y el deseo de hacer lo mismo. Suelto a mi cónyuge en tus manos. Derrama tu amor y gracia en nuestros corazones. Ayúdame a amarle y perdonarle genuinamente y a ser comprensivo cuando cometa errores para que pueda crecer. Le bendigo con salud, sabiduría, paz, gozo, amor, favor, confianza, revelación de tu Palabra y una relación íntima y maravillosa contigo. Gracias, Padre, por sanar nuestro matrimonio. En el nombre de Jesús, amén".

Permite que el Espíritu Santo infunda su naturaleza de amor y perdón en ti pasando tiempo en su presencia y meditando tranquilamente en pasajes como estos: 1 Corintios 13; Romanos 5:5; Efesios 3:16-19; 1 Pedro 3:8-9.

Devocional Día 3

ES CUESTIÓN DE PERSPECTIVA

Concéntrense en todo lo que es verdadero, todo lo honorable, todo
lo justo, todo lo puro, todo lo bello y todo lo admirable.
Piensen en cosas excelentes y dignas de alabanza.
(Filipenses 4:8)

A la hora de pensar en tu pareja, ¿en qué te concentras? Si concentras tus pensamientos en los fallos y errores de tu cónyuge, los problemas de tu matrimonio se magnificarán. Por otro lado, si te concentras en las cosas por las que puedes estar agradecido, verás tu relación desde una luz totalmente nueva. Tu matrimonio, como la vida misma, es cuestión de perspectiva.

Las lentes a través de las que ves a tu pareja afectarán directamente a tu relación. En general, ¿cómo tratas a tu pareja? Medita en el tipo de palabras, acciones y actitudes que muestras por lo general.

Ora y pídele al Señor que te revele la verdad de tu trato. ¿Qué te está mostrando? ¿Qué te está pidiendo Él que cambies con su ayuda?

¿Quieres una nueva perspectiva del valor de tu cónyuge? Medita detenidamente en Filipenses 4:8. Después haz una lista de las *10 primeras* cosas (rasgos, cualidades, dones) de él o de ella por las que puedes darle gracias a Dios.

Sigue meditando y añadiendo a esta lista durante los siguientes treinta días. ¡Sé intencional a la hora de expresar sinceramente tu gratitud por estas cualidades de su cónyuge también!

El temor distorsiona nuestra visión. Nos mantiene enfocados en lo que parece erróneo de nuestro cónyuge, de nosotros mismos y de nuestras situaciones. De muchas maneras, el *temor* es una evidencia falsa que parece real. ¿Cuáles son tus mayores temores con respecto a tu relación con tu cónyuge? Pídele al Señor que te lo revele.

Pasa esos temores por el filtro de Filipenses 4:8. ¿Son verdaderos, buenos o correctos? ¿Son puros y encantadores? ¿Puedes alabar a Dios por ellos? Todo aquello que no pase esta prueba debe ser arrojado y reemplazado por la verdad.

Muchas veces, nuestros temores en el presente nacen por las decepciones y heridas del pasado. Por miedo a volver a ser heridos, inconscientemente intentamos hacer que nuestro cónyuge pague el precio de los defectos de nuestros padres, exnovios/novias o exesposos.

Haz una pausa y ora: *"Espíritu Santo, ¿cómo se formaron estos temores? ¿Sobre qué están basados? ¿Cómo puedo confiar más en ti y ver cómo desaparecen de mi vida?"*. Permanece en silencio y escucha. ¿Qué te está revelando Él?

Devocional Día 4

LIBERTAD DE LAS MALDICIONES FAMILIARES

Pero Cristo nos ha rescatado de la maldición…
cargó sobre sí la maldición de nuestras fechorías.
(Gálatas 3:13)

¡Dios quiere hacer algo nuevo en tu familia! Él dice: "*Pues estoy a punto de hacer algo nuevo. ¡Mira, ya he comenzado! ¿No lo ves? Haré un camino a través del desierto; crearé ríos en la tierra árida y baldía*" (Isaías 43:19). Como comparte **Joyce Meyer:**

Jesús vino para abrir las celdas y liberar a los cautivos… quizá hayas tenido un pasado miserable, quizá incluso puede que estés en unas circunstancias actualmente que sean muy negativas y deprimentes. Puede que estés afrontando situaciones que son tan malas que parece que no tienes una verdadera razón para tener esperanza. Pero quiero decirte firmemente que ¡tu futuro no está determinado por tu pasado o tu presente! Obtén una nueva mentalidad. Cree que con Dios todo es posible. (Lucas 18:27)[10]

Cristo ha pagado el precio para liberarlos a ti, tu cónyuge y tus hijos de toda maldición que ha estado al acecho en tu genealogía. Lo único que tienes que hacer es *hacer cumplir* la victoria de Dios. Está quieto ante el Señor, y ora: "*Espíritu Santo, ¿qué maldiciones de mala conducta están operando en mi genealogía? ¿En la de mi cónyuge? Por favor, muéstranoslo para que podamos tratar con ellas y experimentar la verdadera libertad*".

Cuando el Espíritu Santo les revele las maldiciones, ríndanse a Él. Acude a la oración provista en este capítulo y confía en que Él te sacará de ahí.

A veces perpetuamos inconscientemente problemas que afectan a nuestra familia haciendo votos (o promesas) a nosotros mismos. Cuando se pronuncian dichos votos, se levantan muros en nuestro corazón. Esas promesas tienen la intención de protegernos de más dolor, pero en vez de ello nos encarcelan y nos causan más dolor.

Si quedaste atrapado por el acuerdo que hiciste y estás enredado por tus palabras (…) (Proverbios 6:2)

Haz una pausa y ora: *"Espíritu Santo, ¿he hecho algún voto para mí mismo? Si es así, ¿cuáles son?".* Guarda silencio y escucha. Arrepiéntete de cualquier voto que Él te revele y pídele que te libere de todo temor, en el nombre de Jesús.

Hacemos votos por miedo. Por miedo a que nos vuelvan a hacer daño, a menudo decimos cosas como: "Nunca permitiré que un hombre/mujer… si mi esposo/esposa alguna vez (me engaña, golpea, etc.) yo…". Si has hecho algunos votos así internamente, arrepiéntete. Pídele al Señor que te ayude a confiar en que Él te defenderá y protegerá.

No prevalecerá ninguna arma que se forje contra ti; toda lengua que te acuse será refutada. Esta es la herencia de los siervos del Señor (…) (Isaías 54:17 NVI, énfasis añadido)

Mediante tu relación con Jesús, estás libre de toda maldición y heredas todas las bendiciones espirituales (ver Efesios 1:3). Lee detenidamente estos versículos e identifica algunas de las bendiciones disponibles para ti y tu familia en Cristo: Mateo 11:28; 16:19; Lucas 10:19; 11:13; Juan 4:14; 7:38-39; 14:27; 15:11; 1 Corintios 1:30; 2 Corintios 5:21; 2 Pedro 1:3-4. ¿Qué más te está revelando el Espíritu Santo en estos versículos?

Devocional Día 5

GESTIONAR LAS EXPECTATIVAS

"…Dios ha dicho: «Nunca te dejaré; jamás te abandonaré»".
(Hebreos 13:5 NVI)

Expectativa. Es "una fuerte creencia en que algo ocurrirá o será el caso en el futuro".[11] Cuando tenemos expectativas en la gente, tenemos fuertes sentimientos o creencias sobre lo exitosos o buenos que serán, particularmente en relación con nosotros. Por lo general, las mayores expectativas las solemos tener con las personas más cercanas a nosotros, especialmente nuestro cónyuge. El escritor y orador **Patrick M. Morley** explica:

> Todos llegamos al matrimonio con expectativas, expectativas distintas, a menudo irrealistas. Esas expectativas están basadas en (1) nuestra imagen del matrimonio y (2) nuestras necesidades no satisfechas. Cada uno tiene en mente una imagen de lo que debería ser el matrimonio ideal. Puede que hayamos obtenido esa imagen de nuestros padres, de lo que nos dijeron e hicieron, del folclore familiar que rodeaba a nuestros ancestros, de los padres de un amigo, de ver la televisión, de leer libros, de estrellas del cine o de un héroe.[12]

Las expectativas irrealistas pueden existir en cualquier área de tu matrimonio. El dinero importa, la comunicación, las tareas del hogar, criar a los hijos, las relaciones con amigos, el sexo, etc. Haz una pausa y ora: *"Señor, ¿tengo alguna expectativa irrealista de mi matrimonio? Si es así, ¿cuáles son?".*

¿Qué te está mostrando el Espíritu Santo? Escríbelo, junto a cualquier acción que te está animando a emprender.

¿Cómo puedes convertir expectativas irrealistas en otras realistas? **Patrick Morley** continúa:

> Debemos aprender a dar sin esperar nada a cambio. Debemos aprender a comunicar nuestras expectativas a nuestra pareja, y después escuchar para ver si está de acuerdo en que estamos siendo realistas.[13]

Pregunta a tu cónyuge: "¿Crees que tengo alguna expectativa irrealista de ti? Si es así, ¿cuáles son?". Sé respetuoso y escucha sin interrumpir. Escribe lo que comparta tu cónyuge.

Si has tenido alguna expectativa irrealista de tu pareja, toma un tiempo para disculparte sinceramente por poner presión sobre él o ella. Ora y pídele al Señor que traiga sanidad a tu matrimonio y cultive expectativas realistas en los dos.

Por último, nuestras expectativas deberían estar en Dios y en lo que Él promete en su Palabra. Él es fiel y no te fallará. Ora: *"Señor, ¿estoy poniendo alguna expectativa en mi cónyuge para que supla necesidades que solo tú puedes suplir? Si es así, por favor, muéstramelo ahora. Dame la gracia para confiar en que tú vas a suplir esas necesidades".* Guarda silencio y escucha. ¿Qué te está mostrando el Espíritu Santo?

PREGUNTAS DE DISCUSIÓN

Si estás usando este libro como parte de la Serie Messenger sobre
La Historia del Matrimonio, *por favor, consulta la sesión 3 del video.*

1. Los desacuerdos en el matrimonio son inevitables, pero cómo tratemos con ellos marca la diferencia. Piensa en ello. El marido y la mujer son dos personas totalmente distintas en el proceso de convertirse en una. Cada uno es totalmente único. Por consiguiente, cada cónyuge piensa, procesa y exterioriza los sentimientos de forma distinta. La forma en que los cónyuges ven una situación, una persona, una oportunidad, etc., será distinta. ¿Alguna vez has pensado en esto? ¿Cómo te ayuda el hecho de entender la particularidad de tu cónyuge, a apreciarlo y verlo de una manera nueva y positiva?

2. A través de Cristo, está disponible el perdón para todo aquel que pide. Pero ¿qué ocurriría si le pidieras a Dios que te perdonara por algo y Él dijera: "No sé si quiero perdonarte. Probablemente lo vas a volver a hacer. ¡Primero quiero ver algún cambio en ti!" ¿Cómo te haría sentir esa respuesta? ¿Alguna vez has dicho o pensado eso cuando tu cónyuge te ha pedido perdón? ¿Cómo le podría hacer sentir a él/ella?

3. El perdón de Dios no es una recompensa por la modificación de una conducta. Es su voto de confianza. Detente y medita. ¿Cómo te empodera y motiva el amor y perdón incondicional de Dios para cambiar? A la luz de esto, ¿qué actitud deberías adoptar hacia tu cónyuge con respecto al perdón? ¿Qué hará esto por ellos?

"El perdón es la única forma de romper el ciclo de culpa, y de dolor,
en una relación… No resuelve todas las preguntas sobre la culpa y
la justicia… pero permite que las relaciones comiencen de nuevo".
—Philip Yancey[14]

4. El temor es una fuerza espiritual que está en directa oposición al
amor y la protección de Dios en nuestra vida. Si no se identifica y se
trata, el temor nos paralizará impidiéndonos llegar hasta la grandeza del matrimonio. Esposos, ¿cuáles son algunos de los temores que
los hombres afrontan en sus relaciones con sus esposas? Esposas,
¿cuáles son algunos de los temores que las mujeres afrontan en sus
relaciones con sus esposos? ¿Qué formas concretas has descubierto
para vencerlos?

TEMORES QUE TIENEN LOS ESPOSOS

TEMORES QUE TIENEN LAS ESPOSAS

5. Las expectativas irrealistas en el matrimonio son un campo de cultivo para la ofensa, la frustración y la decepción. El enemigo astuta-
mente emplea el entretenimiento y los medios de comunicación para
producir y alimentar visiones nada prácticas de nuestro cónyuge y
para sembrar semillas de insatisfacción. Detente y piensa. ¿Cómo
las películas, la música, los programas de televisión, las revistas, los
libros y el Internet afectan e infectan a la perspectiva que tenemos
de de nuestra pareja y de nuestro matrimonio? ¿Qué pasos prácticos
podemos dar para guardar nuestro corazón y nuestra mente contra
las expectativas irrealistas?

Líder: Comparte Filipenses 4:8 como una prueba de tornasol para
nuestras decisiones sobre los medios.

Porque cual es su pensamiento en su corazón, tal es él.
(Proverbios 23:7 RVR1960)

6. ¿Te has visto ante situaciones difíciles a la hora de controlar a tus suegros? Sin dar ningún nombre, comparte acerca de alguno de ellos. Si fuiste capaz de superar el desafío, explica cómo te ayudó Dios a hacerlo. Si aún estás lidiando con ello, pide oración a tu grupo para que la gracia de Dios te capacite para manejarlo debidamente.

RESUMEN DEL CAPÍTULO:

- Limpiar la cubierta de tu matrimonio te prepara para avanzar hacia la grandeza que Dios quiere.

- El perdón es un acto de liberación tanto para el ofensor como para el ofendido. Por la gracia de Dios, podemos perdonar a otros libremente y sin medida y recibir el perdón de Dios.

- No podemos cambiar a nuestro cónyuge; solo Dios puede hacerlo, pero podemos trabajar con Dios y permitirle que nos cambie.

- Una actitud de gratitud por tu cónyuge abrirá tu corazón al amor, al perdón, y le extenderá la gracia de Dios para que tanto él como tú puedan crecer y cambiar.

- Cuando decides perdonar, todos los miembros de tu familia ganan porque el amor nos hace florecer.

- Experimentar el amor de Dios expone y ahuyenta el temor de nuestra vida. Permitir que el amor de Dios trabaje en nosotros y a través de nosotros nos ayuda a destruir el temor en nuestra pareja y cubre nuestras faltas y errores.

- Antes de poder construir un nuevo legado, debes confrontar las maldiciones que han afectado a tu familia. Mediante la obra terminada de Cristo, ¡toda maldición es aplastada!

- Sin importar cuál sea el estado de tu matrimonio, Dios puede cambiarlo porque Él está en él. ¡Con Él nada es imposible!

— CUATRO —

Levantarse y Construir

*Ustedes saben que los gobernantes de este mundo tratan a su pueblo
con prepotencia y los funcionarios hacen alarde de su autoridad
frente a los súbditos. Pero entre ustedes será diferente. El que quiera
ser líder entre ustedes deberá ser sirviente, y el que quiera ser el
primero entre ustedes deberá convertirse en esclavo. Pues ni aun el
Hijo del Hombre vino para que le sirvan, sino para servir a otros
y para dar su vida en rescate por muchos.*
(Mateo 20:25-28)

Día 1

Solo hay un método efectivo para construir un matrimonio saludable, y para muchos de nosotros está escondido de nuestra vista. Debemos advertirte que este método no es emocionante, y definitivamente no es fácil, pero es la única forma de asir el cumplimiento, propósito y amor que todos deseamos en nuestro matrimonio. ¿Estás preparado para el gran secreto? Aquí está: *servir*. La única forma en que puedes construir el matrimonio de tus sueños es dedicando tu vida a servir a tu cónyuge.

Por favor, resiste la tentación de guardar este libro o pasar al capítulo siguiente. Sabemos que el concepto de servicio por lo general no evoca una gran emoción; es más probable que inspire sentimientos de reticencia o incluso de pavor. Tendemos a retroceder ante la idea de someternos a los intereses, deseos o preferencias de otro; sin embargo, Jesús, el Hijo de Dios y Rey de reyes, escogió convertirse en un siervo en busca de lo que era mejor para nosotros. Nuestros mejores intereses se convirtieron en su mayor preocupación. Rechazó su legítimo lugar de autoridad y privilegio para salvar el abismo que había entre Dios y el hombre. Y ahora que ha encontrado la forma de reconciliarnos con Dios, se deleita cumpliendo nuestros sueños, deseos y gozos más profundos capacitándonos para vivir una vida extraordinaria y llegar a ser como Él. Incluso cuando Jesús daba su propia vida, ofreció hacer que la nuestra fuera abundante. Esta manera de servicio sin límite ni precedente es la norma para cómo deberíamos navegar por todas las relaciones, especialmente la de nuestro matrimonio.

Ahora que la cubierta está limpia y ordenada, tienes la oportunidad de construir tu matrimonio soñado. Pero la única forma en que podrás materializar tu matrimonio de ensueño, ese plano de dicha divinamente inspirado, es si intercambias tu vida por él. En el reino de Dios, solo mantienes las cosas que das libremente. El gozo, el amor y la satisfacción que quieres en tu matrimonio solo pueden llegar cuando sacrificas la búsqueda de tus mejores intereses por causa de los de tu cónyuge.

¿Has observado que los cristianos más miserables suelen ser los que están consumidos con la búsqueda del yo? Los más lisiados de todos son los que nunca hacen nada por nadie. Por eso en Cristo, el ADN espiritual de servicio de Jesús se teje en nuestra naturaleza. Jesús es el siervo supremo. Cuando rehusamos aceptar nuestra identidad en Él, lo cual incluye entre otras cosas vivir como siervos, nos separamos de su poder transformador. Este poder es esencial para construir vidas y matrimonios piadosos, y solo podemos tener acceso a él cuando intentamos vivir como Él vivió. Si no servimos, no podemos construir el matrimonio que queremos.

Llegar a Ser el Menor

Durante su última cena con los discípulos, Jesús les dijo a sus amigos más cercanos que su muerte era inminente y que pronto sería traicionado. ¿Cómo respondieron ellos? Primero negaron ardientemente cualquier probabilidad de traicionar a Jesús; después hicieron una rápida transición a una disputa sobre cuál de ellos sería el mayor.

¡Qué absurdo! Jesús estaba compartiendo los detalles de su muerte inminente, y lo único que a sus amigos más íntimos se les ocurrió hacer fue discutir sobre su propia grandeza. Veamos cómo respondió Jesús a su necedad:

> *El más importante de ustedes deberá tomar el puesto más bajo, y el líder debe ser como un sirviente. ¿Quién es más importante: el que se sienta a la mesa o el que la sirve? El que se sienta a la mesa, por supuesto. ¡Pero en este caso no!, pues yo estoy entre ustedes como uno que sirve.* (Lucas 22:26-27)

Las palabras de Jesús probablemente golpearon a los discípulos como si fuera un balonazo de fútbol en la cara. Ellos habían dejado claro que estaban interesados en ser grandes. Ahora Él les estaba diciendo que ser grande significaba que tendrían que sobresalir en el servicio.

Pero a Jesús no le bastó con dar unas meras palabras difíciles; procedió a hacer algo que hizo que sus discípulos estuvieran incluso más incómodos y confusos. Las Escrituras nos dicen:

> *Jesús sabía que el Padre le había dado autoridad sobre todas las cosas y que había venido de Dios y regresaría a Dios. Así que se levantó de la mesa, se quitó el manto, se ató una toalla a la cintura y echó agua en un recipiente. Luego comenzó a lavarles los pies a los discípulos y a secárselos con la toalla que tenía en la cintura.* (Juan 13:3-5)

Lo que es asombroso de este pasaje es por *qué* Jesús lavó los pies de sus discípulos. La respuesta la encontramos al prestar mucha atención a unas palabras: *Así que*. Jesús había recibido autoridad, sobre todo, *así que* se humilló a sí mismo y aceptó la responsabilidad de un humilde siervo. Jesús no batalló con la falsa humildad. Obviamente Él era consciente de su posición de poder, pero en vez de alardear o abusar de su gran autoridad, usó su posición como una plataforma para un impensable acto de servicio.

En el primer siglo, las carreteras no estaban pavimentadas, y no había centros comerciales donde los viajeros podrían comprar unos *Nike*. La gente llevaba sandalias (si es que llevaban algo), así que sus pies estaban expuestos a mucha tierra y excrementos animales. Es seguro decir que, en ese entorno, los pies sucios y malolientes se llevaban a un nivel desconocido en el mundo moderno.

Debido a la abundancia de pies sucios, se exigía que los siervos o esclavos lavaran los pies de sus amos y sus huéspedes. En un hogar rico, había muchas responsabilidades: establos que mantener, alimentos que preparar, habitaciones que limpiar; pero el trabajo de limpiar los pies estaba reservado para los siervos más humildes. En algunos círculos, la designación iba incluso más allá, y ésta sucia tarea se asignaba exclusivamente a las siervas, las únicas consideradas lo suficientemente "indignas" para hacer algo tan humillante y desagradable.

Jesús escogió realizar el acto de servicio más básico. ¿Por qué? Porque necesitaba que sus discípulos entendieran la importancia de su lección sobre el servicio. Incluso se quitó la túnica, un símbolo de su posición como Maestro, y se puso una toalla en la cintura como un esclavo. Ten en cuenta que Jesús hizo todo esto para lavar los pies de hombres que enseguida lo negarían, traicionarían o abandonarían.

> *Después de lavarles los pies, se puso otra vez el manto, se sentó y preguntó: —¿Entienden lo que acabo de hacer? Ustedes me llaman "Maestro" y "Señor" y tienen razón, porque es lo que soy. Y, dado que yo, su Señor y Maestro, les he lavado los pies, ustedes deben lavarse los pies unos a otros. Les di mi ejemplo para que lo sigan. Hagan lo mismo que yo he hecho con ustedes. Les digo la verdad, los esclavos no son superiores a su amo ni el mensajero es más importante que*

quien envía el mensaje. Ahora que saben estas cosas, Dios los bende-
cirá por hacerlas. (Juan 13:12-17)

Después de lavar los pies de sus discípulos, Jesús volvió a ponerse su túnica, retomó su papel de Maestro, y puso los toques finales sobre una lección que sus discípulos nunca olvidarían. La lección se puede resumir en cuatro puntos:

1. Como Señor y Maestro, yo soy su máximo ejemplo.

2. Como yo hice voluntariamente este acto servil, nunca piensen que este ni ningún otro acto de servicio es muy bajo para ustedes.

3. Yo soy su Maestro, alguien mayor que ustedes, pero que a la vez está dispuesto a servir como el siervo más bajo.

4. Yo bendigo a los que siguen mi ejemplo de liderazgo de servicio.

Llamados a Servir

Jesús dijo que seríamos bendecidos si seguimos su ejemplo. Esto significa que su bendición descansará sobre nuestro matrimonio cuando le imitemos a Él en la forma de servir a nuestro cónyuge.

No te estamos animando a que imites a Jesús iniciando un ritual nocturno de lavado de pies. El punto es presentar este patrón de servicio para nuestra vida. En el matrimonio, como mejor imitamos el ejemplo de Jesús es cuando usamos nuestros respectivos papeles como plataformas para el servicio. Pablo escribió:

> *No sean egoístas… Sean humildes, es decir, considerando a los de-*
> *más como mejores que ustedes… Tengan la misma actitud que tuvo*
> *Cristo Jesús.* (Filipenses 2:3, 5, énfasis añadido)

¿Cuál fue la actitud de Cristo? Él escogió verse como un siervo que puso los mejores intereses de los demás por delante de sus suyos propios, y lo llevó al extremo al morir por aquellos a quienes amaba. La mayoría de nosotros nunca seremos llamados a hacer ese sacrificio supremo por nuestro cónyuge, pero hemos sido llamados a olvidarnos del egocentrismo para centrarnos en él o ella.

Así que, si servir es algo tan grande, si ello atrae la bendición de Dios, ¿por qué no hay más personas haciéndolo? El problema es nuestra naturaleza humana caída, la cual lucha constantemente contra los caminos del Espíritu de Dios y nos anima a hacer que nuestros propios intereses sean nuestra meta. Nuestra carne demanda que reconozcamos sus deseos, insistiendo en que sus ansias sean cumplidas. Pero a pesar de lo mucho que la alimentemos, la naturaleza humana siempre querrá más.

La naturaleza pecaminosa promueve constantemente el egoísmo y el descontento, mientras que el Espíritu de Dios fomenta el desprendimiento y ofrece una satisfacción duradera. En cada momento, decidimos si vamos a ser guiados por el Espíritu de Dios o por los insaciables deseos de nuestra carne:

> La naturaleza pecaminosa desea hacer el mal, que es precisamente lo contrario de lo que quiere el Espíritu. Y el Espíritu nos da deseos que se oponen a lo que desea la naturaleza pecaminosa. Estas dos fuerzas luchan constantemente entre sí, entonces ustedes no son libres para llevar a cabo sus buenas intenciones. (Gálatas 5:17)

Jesús nos liberó de nuestra naturaleza pecaminosa para que pudiéramos dar nuestra vida con libertad. La salvación no nos liberó para conseguir más; ¡nos liberó para dar más!

Pues ustedes, mis hermanos, han sido llamados", escribió Pablo, "a vivir en libertad; pero no usen esa libertad para satisfacer los deseos de la naturaleza pecaminosa. Al contrario, usen la libertad para servirse unos a otros por amor". (Gálatas 5:13)

Hemos recibido libertad para poder sacrificar nuestra vida. Si vivimos meramente para nosotros mismos, despilfarramos nuestra libertad en Cristo y nos sometemos al mismo egoísmo y pecado por el que Cristo murió para liberarnos. Pero al aprender a vivir sirviendo a otros, especialmente a nuestro cónyuge, participamos en la vida abundante que Él puso a disposición de todos.

Día 2

Llenos del Espíritu

Cuando la gente se refiere al llamado "pasaje sobre el matrimonio" en Efesios 5, por lo general comienzan con el versículo 22, el que dice a las esposas que se sometan; pero la exhortación de Pablo realmente comienza antes en ese capítulo. Para entender bien cómo nuestro matrimonio es un retrato de la relación entre Cristo y la iglesia, vayamos al versículo 18:

> *"Sean llenos del Espíritu Santo".* (Efesios 5:18)

En el original griego, la palabra traducida como *llenos* describe el proceso de ser saturado con el Espíritu como una experiencia continua. Una vez no es suficiente. Cuando no somos llenos continuamente del Espíritu de Dios, pretendemos que nuestro cónyuge satisfaga las necesidades que solo Dios puede satisfacer. Por muy bueno que sea tu cónyuge, él o ella nunca podrá reemplazar a Dios. Si esperas que tu cónyuge llene tu vida de propósito y sentido, lo cual son bendiciones que solo Dios puede ofrecer, entonces solo te toparás con decepción, frustración, y serás incapaz de demostrar el amor de Dios.

Nuestro matrimonio solo reflejará a Cristo hasta el grado en que su Espíritu sea bienvenido en nuestra vida. Cristo es la piedra angular de nuestra salvación, pero el Espíritu Santo es el agente de transformación. Al permitir que nuestra vida sea llena continuamente del Espíritu, podemos experimentar la renovación de nuestra mente y la transformación de nuestra conducta. Dios dice:

> *Desháganse de su vieja naturaleza pecaminosa y… dejen que el Espíritu les renueve los pensamientos y las actitudes. Pónganse la nueva naturaleza, creada para ser a la semejanza de Dios, quien es verdaderamente justo y santo.* (Efesios 4:22-24)

Intentar amar y servir como Cristo sin su Espíritu es como intentar que salga agua de una manguera que no está conectada a ningún grifo. Una manguera no puede producir agua por sí misma, es solamente un conducto. Del mismo modo, solo cuando aceptamos el empoderamiento del Espíritu Santo es cuando podemos amar y servir a nuestro cónyuge como Dios desea.

La fuerza de voluntad y la modificación de conductas tienen su lugar, pero finalmente no pueden renovar nuestra mente ni vencer los deseos de nuestra carne. Solo cuando aceptamos la Persona y el poder del Espíritu de Dios podemos experimentar su influencia transformadora en nuestra vida y a través de ella, una influencia que se muestra en actitudes y acciones hacia nuestro cónyuge semejantes a las de Cristo. Cualquier intento de modificar la conducta sin la participación del Espíritu de Dios llevará a la frustración y el engaño.

Hemos recibido incontables mensajes de hombres y mujeres cuyos matrimonios fueron destruidos por la manipulación y el dominio. En muchos casos, estos individuos conocían la Escritura, pero carecían del amor y la gracia del Espíritu. Como resultado, las palabras que tenían la intención de liberar y empoderar se usaron para limitar, socavar o avergonzar. Estos males están presentes dondequiera que aceche el egoísmo. El egoísmo florece cuando no nos hacemos disponibles a la obra del Espíritu de Dios, y rechazamos el servicio como nuestro principal rol matrimonial.

Durante el resto de este capítulo exploraremos lo que significa el servicio en el contexto del matrimonio. Nuestra meta es ofrecer un marco bíblico de cómo podemos dirigir y edificar nuestro matrimonio por medio del servicio. En este espíritu, te animamos a no usar este capítulo como una licencia para condenar ninguna conducta presente o pasada de tu cónyuge, sino en cambio, a usarlo como un marco para avanzar hacia delante.

Entendemos que estamos enmarcando estos conceptos bajo la premisa de que ambos cónyuges desean honrar el plan de Dios para sus roles matrimoniales. Sabemos que no siempre es así. Sea cual sea tu situación, recuerda que no puedes cambiar a tu cónyuge. Si intentas hacerlo, solo te interpondrás en el camino de Dios. Abre tu corazón a la obra de su Espíritu, y deja que Él haga lo que solo Él puede hacer en tu cónyuge.

Identidades y Roles

Para entender los roles de servicio que asumimos en el matrimonio, tenemos que volver a echar un vistazo al huerto del Edén:

> *Así que Dios creó a los seres humanos a su propia imagen. A imagen de Dios los creó; hombre y mujer los creó.* (Génesis 1:27)

Tanto los hombres como las mujeres llevan una imagen que refleja la naturaleza de Dios. Los varones y las hembras son distintos, pero son igual de importantes a la hora de mostrar la naturaleza de Dios en la tierra.

Esposo y *esposa* son roles. Son roles únicos, y la Biblia da una idea específica sobre lo que conllevan, pero estos roles no son nuestra identidad. Nuestra identidad tiene que ver con nuestro diseño original. Fuimos creados como portadores de la semejanza de Dios en la tierra. La Caída distorsionó su propósito, pero el sacrificio de Cristo lo restauró. Nuestra salvación en Cristo es principalmente y sobre todo un cambio de identidad.

Ningún rol, esposo, esposa, profesional, ministro, padre o amigo, puede sobrepasar tu identidad. Y como un cambio de rol (por ejemplo, de soltero a casado) no es igual a un cambio de identidad, tanto los hombres como las mujeres son igualmente valiosos ante los ojos de Dios una vez casados, que como lo eran antes.

Tristemente, muchas personas (y en especial las mujeres) sienten que su valor se ve alterado después de casarse. Las mujeres temen que para honrar a sus esposos tengan que convertirse en algo secundario en importancia o contribución. En este caso, en vez de ascender a actos de amor y servicio, la mujer se encoje en servidumbre hasta que desaparece casi por completo.

Aunque pudiera parecer inicialmente que el esposo se beneficia de este arreglo, no es así. En verdad, ambos cónyuges pierden cuando el egoísmo se fomenta como un estilo de vida. Un esposo que no ve a su esposa como una compañera igual en el matrimonio no solo pierde una íntima aliada, sino que también pierde una de sus mayores oportunidades para crecer. Los hombres llegan a ser más como Cristo cuando sirven a sus esposas como Jesús sirve a la iglesia. Recuerda: Jesús modeló su dirección sirviendo a los que guía y ama.

Amor, respeto y honor son esenciales para ambos cónyuges. Ambas partes son importantes y ambos cónyuges sirven. Abordar el matrimonio de esta manera ayuda a restaurar a los hombres y las mujeres el poder del dominio, el regalo de Dios de fuerza y autoridad que nos confió desde el momento de nuestra creación.

Dominio y Dominación

> *Y los bendijo Dios, y les dijo: Fructificad y multiplicaos; llenad la tierra, y sojuzgadla, y señoread en los peces del mar, en las aves de los cielos, y en todas las bestias que se mueven sobre la tierra…Y vio Dios todo lo que había hecho, y he aquí que era bueno en gran manera…* (Génesis 1:28 RVR 1960, énfasis añadido)

Al principio, los hombres y las mujeres no eran enemigos. Eran íntimos aliados y colaboradores, dos personas distintas unificadas con un solo corazón. Se les confió el mandato de llenar y sojuzgar la tierra. Dios les dio su comisión (ser fructíferos y multiplicarse) y dejó que ellos determinaran los detalles. Les dio dominio.

El dominio está asociado al poder para reinar, autoridad o control. Describe un área de influencia y está asociado a la posesión de poder. Como hemos aprendido de la historia de la Última Cena, toda autoridad, ya sea que se le haya entregado a un hombre o una mujer, se da para servir a otros para el beneficio y crecimiento de esos otros.

La batalla de los sexos comenzó después de la caída. Con la brecha global entre Dios y su creación, el dominio mutó para convertirse en dominación y manipulación. Estas perversiones de las fortalezas dadas por Dios continuamente pelean contra su diseño para una hermosa unión. El matrimonio se convirtió en un instrumento de división en vez de multiplicación.

El matrimonio nunca tuvo la intención de ser una batalla de poder; fue creado para ser una unión de poder. El matrimonio funde a dos personas con ventajas y fortalezas muy distintas y luego usa esas diferencias para crear la oportunidad para la multiplicación. Todo esto es parte del plan de Dios para reconciliar lo que parecía ser irreconciliable. Jesús dijo:

> Porque el Hijo del Hombre vino a buscar y a salvar lo que se había perdido. (Lucas 19:10 RVR 1960)

A menudo entendemos este versículo como describiendo solo esfuerzos evangelísticos cuando conlleva una carga de mucho más. Jesús no vino solamente para salvar a *los perdidos*; vino para salvar *lo que sea había perdido*. En la caída perdimos nuestra comunión con Dios, pero también perdimos la unidad de nuestras relaciones los unos con los otros. Esto incluye nuestras relaciones entre hermanos, entre hermanas, entre padre e hijo, y entre esposo y esposa. Y perdimos la belleza de nuestra relación con el resto de la creación.

La obra de salvación de Jesús tiene que ver con algo más que sobrevivir hasta que lleguemos al cielo. Se trata de abundancia y recuperación en el presente. Debido a la cruz, hay un potencial para la restauración en cada relación que ha sufrido pérdida. Esto significa que podemos experimentar sanidad en nuestro matrimonio ahora. ¡Hombres y mujeres pueden volver a vivir como uno!

Cuando somos uno en corazón y propósito, nos multiplicamos, porque Dios dice que donde hay unidad, allí Él envía bendición (ver Salmo 133). El enemigo de nuestra alma no quiere que experimentemos la bendición de Dios, ni quiere que nos multipliquemos; por lo tanto, hace todo lo posible por destruir nuestra unidad. Al contender con el engaño de la dominación y aceptar la verdadera naturaleza del dominio, colaboramos con Dios para ver su voluntad cumplida en la tierra.

Ahora pasaremos a una discusión más centrada en los diferentes roles en los que los hombres y las mujeres sirven en el matrimonio. Sin entender la perspectiva de Dios sobre la identidad, el valor y el dominio, uno podría errar fácilmente pensando que estos roles divinamente establecidos favorecen a un cónyuge más que al otro. Tras haber estudiado el primer mandamiento de Dios para el matrimonio, y tras haber reconocido la diferencia entre identidad y roles, creemos que podrás ver lo emocionante, importante y valiosos que son los roles de ambos cónyuges.[1]

Día 3

El esposo: Honrar a tu esposa

> *De la misma manera, ustedes maridos, tienen que honrar a sus esposas. Cada uno viva con su esposa y trátela con entendimiento. Ella podrá ser más débil, pero participa por igual del regalo de la nueva vida que Dios les ha dado. Trátenla como es debido, para que nada estorbe las oraciones de ustedes.* (1 Pedro 3:7)

La honra es en dos sentidos. La Biblia deja claro que ambos cónyuges deben honrarse el uno al otro, y hablaremos del rol de las mujeres después. Por ahora, enfoquémonos en el rol del hombre.

Esposo, tu mujer no está por debajo de ti. Ella es tu coheredera en Cristo, y tú debes honrarla como tal. Cuando Pedro dice que ella es más débil que tú, se está refiriendo a la fuerza física, no a su potencial para opinar, discernir o para su poder espiritual. La "debilidad" física de tu esposa no le hace ser menos valiosa que tú; solo significa que quizá no levanta los mismos kilos que tú. El comentario de Pedro es una frase de observación objetiva, no una declaración de valía. Este punto es importante porque no solemos servir a aquellos que no consideramos dignos de honor. Para poder poner nuestra vida por nuestra esposa, debemos reconocer su extraordinario valor.

Estamos hablando de esto directamente no porque creamos que deseas hacer de menos o no atender a tu esposa, sino porque no podemos darnos el lujo de no ser claros. Tanto los hombres como las mujeres fueron creados a imagen de Dios, así que la expresión de nuestro Padre es deshonrada en la tierra cuando los hombres no honran, valoran y protegen a las mujeres.

En el principio, Dios dijo que no era bueno que el hombre estuviera solo (ver Génesis 2:18). Su respuesta para este primer problema, el aislamiento del hombre, fue crear a Eva. Las mujeres son la respuesta de Dios, no creaciones secundarias. Como hombre de Dios, se te ha otorgado la oportunidad de amar, apoyar, invertir en tu esposa y servirla como una fuerte declaración del corazón de Dios para un mundo que ha perdido su camino.

Pedro también escribió que los hombres deben tratar a sus esposas con entendimiento. Tenemos que procurar entender a quiénes son distintos a nosotros. Todos los hombres son distintos, todas las mujeres son distintas, y los hombres y las mujeres son muy distintos. Yo (John) no deshonro a Lisa porque ella sea distinta a mí; en cambio, celebro cómo es ella e intento entender lo que le hace ser diferente.

Mi vida sería extremadamente monótona y aburrida si Lisa y yo fuéramos exactamente iguales. Aunque nuestras diferencias a veces nos han causado conflictos, nos presentan oportunidades para que las áreas de debilidad de ambos sean expuestas, desafiadas y fortalecidas. Yo necesito que Lisa sea distinta a mí. La honro, y me beneficio tanto a mí como a nuestra familia al buscar saber mejor lo que le emociona.

Finalmente, observemos que 1 Pedro 3:7 dice que deshonrar a nuestra esposa estorbará nuestras oraciones. El bienestar de las mujeres es tan importante para Dios, ¡que ha hecho que honrar y entender a nuestra esposa sean factores fundamentales para nuestra vida de oración!

La Cabeza de la Unión

Porque el marido es la cabeza de su esposa como Cristo es cabeza de la iglesia. (Efesios 5:23)

Este versículo no habla de un asunto de superioridad e inferioridad. Expresa un cuadro de Cristo y su Novia, porque eso es lo que simboliza el matrimonio. Como los esposos están en consonancia con Cristo en esta analogía orgánica, toman el rol de dirigir sus uniones. Tienen la maravillosa responsabilidad de dirigir sirviendo como Cristo lo hace, para que el mundo incrédulo pueda ser testigo de la naturaleza de Jesús. (Y cuando consideras cuán profundamente ama Jesús a la iglesia, no puedes ni por un segundo creer verdaderamente que Él intentara reducir o marginar a las esposas alineándolas con el papel de su novia).

El esposo no ha recibido autoridad como cabeza de su unión para poder simplemente hacer caso omiso a lo que diga su mujer. Por el contrario, un marido inteligente no querrá pasar por alto el consejo de su esposa; se dará cuenta de que ella es esencial para el proceso de toma de decisiones.

En los primeros años de nuestro matrimonio, yo (John) oraba durante una hora y media cada día, y me parecía que Lisa, que trabajaba a jornada completa, solo oraba durante el poco tiempo que pasaba en la ducha o conduciendo en su auto. Cuando discrepábamos en alguna decisión, yo cometía el error de suponer que, porque yo pasaba más tiempo orando que ella, podía usar mi autoridad como cabeza de nuestra unión para hacer caso a mi propio juicio. Sin embargo, casi la mitad de las veces que yo manejaba así los desacuerdos, tomaba una decisión y me daba cuenta después de que Lisa tenía razón.

Para ser sincero, estaba frustrado. *¿Por qué la idea de Lisa es tan precisa,* pensaba yo, *cuando yo paso tanto tiempo en oración?* Así que un día oré: "Dios, yo oro durante una hora y media cada mañana. Lisa ora quizá diez minutos en la ducha y, sin embargo, ella tiene razón casi la mitad de las veces en nuestros desacuerdos".

Como respuesta, el Señor me dijo: "Haz un círculo". Yo tomé un trozo de papel y dibujé un círculo.

"Pon X por todo el círculo", me dijo Dios. Cuando el círculo se llenó de X, dijo: "Ahora dibuja una línea por el medio".

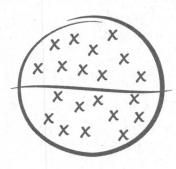

"¿Te das cuenta", dijo Dios, "que prácticamente la mitad de las X están a un lado de la línea y que la otra mitad de las X están en el otro lado? John, cuando estabas soltero, estabas completo en mí por ti solo. Tú eras un círculo completo. Pero cuando te casaste con Lisa, te hiciste una carne con ella. Ahora ese círculo representa a ambos. Tú eres una mitad y ella es la otra".

"¿Sabes lo que son las X?", continuó Dios. "Representan la información que necesitas de mí para poder tomar sabias decisiones. El problema es que estás tomando todas tus decisiones solo en base a una mitad de la información. Tienes que aprender a obtener de tu esposa lo que yo le muestro para que tú, como cabeza del hogar, puedas tomar decisiones con toda la información que yo doy".

Esa revelación revolucionó mi perspectiva de lo que significa para mí ser el cabeza de nuestro matrimonio. Ya no deseo aprovecharme de mi rol para pasar por alto el consejo de Lisa. Me deleito al beneficiarme de lo que Dios dice a través de ella, y me gozo en el proceso de trabajar hacia la unidad en nuestras decisiones.

El Siervo Líder

Repito: el rol del hombre no es el de dominación. Dominar es muy distinto a liderar. El liderazgo incluye la dignidad de la decisión, mientras que la dominación demanda sin dar opciones. Para los hombres, la clave para llegar a ser buenos líderes en su hogar está en entender lo que significa tener una posición de autoridad. Recordemos las palabras de Jesús: *"el líder debe ser como un sirviente"* (Lucas 22:26). Como cabeza de la unión, el esposo ha de ser el siervo líder.

El hombre no es el jefe, con la mujer *haciendo para él*. Es el líder que *hace con ella*. En realidad, si es sabio, le dirá a ella repetidamente que no puede estar *sin ella*. A mí (Lisa) me encanta cuando mi esposo me dice que me necesita, pues eso me hace sentir empoderada de modo único para suplir lo que a él le falta; y si no sé cómo ser esa mujer, haré todo lo posible por descubrirlo. Yo me crezco cuando él me dice que soy esencial.[2]

Esposo, servir a tu esposa no significa que simplemente le des todo lo que quiera. Más bien, significa que pones tu vida y tomas tus decisiones en base a lo que es mejor para ella. Estamos guiando a nuestras esposas como Jesús nos guía a nosotros. Hay muchas cosas que Jesús hace a favor de nuestros intereses que no nos gustan. Inevitablemente te verás en situaciones en las que el bienestar de tu esposa estará en conflicto con sus preferencias. En esas situaciones, al seguir el modelo de Jesús, sabemos escoger lo que es mejor, no lo que es más cómodo o conveniente. Pero el prerrequisito para determinar lo que es mejor para tu esposa es amarla y honrarla como Cristo ama y honra a la iglesia.

Tras lavar los pies de los discípulos, Jesús dejó claro que Él seguía siendo su Señor. Él nunca abdicó de su posición de poder, sino que fundamentalmente redefinió el propósito del poder. Como mostró, a nosotros se nos da poder para servirnos el uno al otro. Hombres, tenemos que usar nuestra autoridad como cabezas de nuestro matrimonio para crear entornos que sirvan lo mejor posible a nuestras esposas. Como somos los cabezas de nuestra unión, es nuestra responsabilidad convertirnos en los siervos más bajos. Al hacer esto nos sometemos a nuestras esposas.

Sométanse unos a otros por reverencia a Cristo. (Efesios 5:21)

¿Recuerdas el mandato de Pablo en Efesios 5:18 de que "sean llenos del Espíritu Santo"? Él sigue esta directriz con una descripción de lo que una persona llena del Espíritu hará, cosas como cantar cantos espirituales o dar gracias. Después, en el versículo 21 dice: "Sométanse unos a otros". Esto se entiende generalmente como el comienzo de la discusión de Pablo sobre el matrimonio. Pero en su libro, *The Meaning of Marriage* [El Significado del Matrimonio], Timothy y Kathy Keller señalan:

> En inglés, [el versículo 21] por lo general se considera una frase separada, pero eso oculta a los lectores un punto importante que Pablo está estableciendo. En el texto griego, el versículo 21 es el último punto de esa frase previa tan larga en la que Pablo describe varias marcas de una persona que está "llena del Espíritu".[3]

Por lo tanto, los Keller dicen:

> La última marca de la llenura del Espíritu está en este último punto: Es una pérdida de orgullo y voluntad propia lo que lleva a una persona a servir humildemente a otros.[4]

En el contexto del matrimonio, esto significa que un cónyuge que vive mediante el empoderamiento del Espíritu (la importancia de lo cual destacamos antes) será conocido por su sumisión a su pareja.

Muchas personas igualan exclusivamente la sumisión al rol de la mujer, pero Pablo explícitamente instruye que ambos cónyuges deben someterse el uno al otro. La palabra griega para *someterse* en este versículo es la misma palabra griega usada cuando después Pablo ordena a las esposas que se sometan a sus maridos. Esta palabra comunica sujeción o subordinación. En cuanto a lo que la estructura de autoridad del hogar se refiere, sí, las esposas deben someterse a sus esposos como cabeza; pero a los hombres se les exige que adopten otra forma de sumisión hacia sus esposas.

Pablo escribe que deberíamos someternos por reverencia a Cristo. La palabra *reverencia* aquí es la palabra griega *fobos*, y comunica la idea de un impresionante terror o temor. (Observarás que *fobos* se parece a *fobia*). La palabra *reverencia* no hace justicia al manuscrito original; una mejor traducción sería "sométanse unos a otros por el impresionante temor de Cristo".

Un día cuando yo (John) no estaba siendo amable con Lisa, Dios me habló y me dijo: "Lisa es primeramente mi hija. Ella es tu esposa después". ¡Eso puso el temor del Señor en mí!

Esposo, Dios siempre está presente. Él conoce tu manera de hablar y de tratar a su hija. Él ve, más allá de tus palabras, las motivaciones de tu corazón. ¿Le estás honrando a Él con tu forma de tratar a tu esposa? Si deshonras a tu esposa, deshonras a su Padre. Cuida de ella con temor y temblor.

Pablo continúa explicando que un marido se somete a su mujer poniendo su vida por ella. En otras palabras, él se somete a ella al sujetarse a los mejores intereses de ella.

> *Para los maridos, eso significa: ame cada uno a su esposa tal como Cristo amó a la iglesia. Él entregó su vida por ella.* (Efesios 5:25)

Cristo nunca usó su posición de poder para un beneficio personal; la usó para empoderarnos a nosotros. Del mismo modo, nosotros como esposos somos llamados a usar nuestra posición de autoridad para el beneficio y empoderamiento de nuestras esposas. Cristo entregó su vida para glorificar y santificar a su novia. Su mayor gozo, su final feliz, podríamos decir, está en su glorificación. No hay espacio para el egoísmo cuando caminas en los pasos de Jesús. Tu papel como esposo es gastar tu vida sirviendo a tu esposa, con el propósito máximo de revelar a Cristo tanto a ella como ante el mundo que te rodea. Cuando diriges a tu esposa de esta forma, será mucho más fácil para ella deleitarse en someterse a la posición de autoridad que Dios te ha dado.

Día 4

La esposa: Apoyar a tu esposo

Esposas, entiendan y apoyen a sus maridos de maneras que muestren su apoyo a Cristo. El esposo provee liderazgo a su esposa como Cristo lo hace a su iglesia, no siendo dominante sino animando. Así que tal como la iglesia se somete a Cristo cuando Él ejerce este liderazgo, las esposas igualmente deberían someterse a sus esposos. (Efesios 5:22-24 MSG)

Recordarás que Pablo introdujo sus instrucciones a los esposos y esposas diciéndoles *"sométanse unos a otros por reverencia a Cristo"* (Efesios 5:21). En el siguiente versículo, sigue diciendo: *"Para las esposas, eso significa: sométase cada una a su marido como al Señor"* (versículo 22). Muchos han visto este versículo como una pérdida para las mujeres, pero no lo es.

Como el matrimonio no se trata de dominar, la esposa comparte el ejercicio del dominio como un socio igualitario. Esto no entra en conflicto con el liderazgo del esposo, porque tanto el esposo como la esposa tienen áreas únicas de autoridad e influencia dentro de su matrimonio y en el mundo que les rodea. El dominio dice: "Ejerceré mi autoridad e influencia por ti, y tú ejercerás tu autoridad e influencia por mí".

El apoyo de la esposa a su marido es un acto de servicio. Esposa, se te ha confiado el corazón de tu esposo. Proteger su corazón diciendo la verdad con amor y respeto puede ser uno de tus mayores actos de servicio. Aprende a servirle ayudándole a expresar lo que hay en su corazón. En vez de sacar conclusiones, ayúdale a crecer en visión y propósito mejorando su vida con comunicación.

Las mujeres son vulnerables en el área de la fuerza física, y los hombres a menudo ven que su corazón está en riesgo. Las mujeres son las cuidadoras del corazón de los hombres, así como los hombres deberían ser los protectores y proveedores de cualquier debilidad física de su esposa. ¿Hay alguna comisión más noble que ser el guardián de un corazón?[5]

Cuando el esposo inicia el servicio y pone su vida por su esposa, ella responde honrándolo como cabeza de la unión. Esta es su parte a la hora de revelar el amor de Cristo al mundo. Su honra, amor y respeto por su esposo muestran lo que es ser guiados por Jesús. Dios no ha pedido a las mujeres que se sometan porque son secundarias. Él les está invitando a que muestren cuál debería ser el aspecto de la iglesia. En el matrimonio tenemos una oportunidad de mostrar lo que puede ser la vida cuando somos dirigidos por un Señor y Salvador bueno, fiel, amoroso y generoso. Qué trágico es cuando permitimos que el enemigo pervierta esto hasta convertirlo en un papel menospreciado o lamentado. Al dar este papel a las mujeres, Dios ha pedido a sus hijas que demuestren que se puede confiar en Él.

Dios sabe que hizo a las mujeres fuertes y capaces. A lo largo de la historia, Él ha escogido a mujeres para dirigir, juzgar, profetizar, interceder e incluso cargar y nutrir a su único Hijo. Al llamar a las mujeres a respetar la dirección de su esposo, no está diciendo que sean débiles o indignas. En cambio, está diciendo: "Sé que eres capaz y fuerte porque eres mi hija. Pero en la imagen eterna del matrimonio, necesito a alguien que muestre la bondad que se encuentra en la sumisión a mí. ¿Entrarás voluntariamente en el papel de apoyar y someterte como una manera de mostrar a otros que yo merezco devoción?".

La Carga del Liderazgo

A diferencia de Dios, los esposos no son perfectos. Ellos no siempre toman las decisiones correctas, y no siempre sirven a sus esposas como deberían. Esto puede ser una gran fuente de frustración incluso para mujeres que quieren honrar y apoyar a sus esposos. Con el tiempo, puede que se sientan tentadas a actuar por su cuenta. Sin embargo, la resistencia a la posición de liderazgo de su esposo, lo cual podría verse como una fuente de libertad, de hecho, podría producir en estas mujeres mucho dolor y angustias.

Cuando nuestro primogénito era aún un niño, yo (Lisa) trabajaba muchas horas con una agenda muy demandante que se extendía incluso a los fines de semana. Afronté retos profesionales y personales en el trabajo, y al mismo tiempo me esforzaba por ser la madre y esposa perfecta. Mientras tanto, John estaba en un tiempo de transición. Mientras yo estaba estresada por mi trabajo y extrañaba a mi hijo, John estaba trabajando a media jornada, orando, ayunando, hablando con sus amigos y jugando al golf. Yo sentía una presión enorme y le culpaba a él de todo. Sentía que era yo la que estaba manteniendo todas las cosas unidas, y mi mano se estaba cansando.

Quería que John se preocupara conmigo, pero él no lo hacía. Cuando expresé una temerosa preocupación a mi esposo, me dijo: "Lisa, suelta esa carga y entrégasela a Dios".

¡Nunca! pensé yo. *Si yo no me preocupo de todo esto, no se hará.* La tensión se a poderaba de mí como un capataz a medida que las inevitables presiones plasmaban su huella sobre mí.

Una noche mientras me daba una ducha, me quejé con Dios sobre mi pesada carga. No podía dejarle a John ninguna de mis cargas, argumentaba yo. Tenía que recordarle incluso que sacara la basura. ¿Cómo podía confiarle cualquier otra cosa más importante? Luchaba con esta idea, justificando por qué no podía ceder el control.

"Lisa, ¿crees que John es un buen líder?", me preguntó amablemente el Señor.

"¡No, no lo creo!", afirmé yo. "¡No confío en él!".

"Lisa, no tienes que confiar en John", respondió Él. "Solo tienes que confiar en mí. Tú no crees que John está haciendo un buen trabajo como cabeza de este hogar. Sientes que tú lo puedes hacer mejor. La tensión y el malestar que estás experimentando es el peso y la presión de ser la cabeza de un hogar. Es un yugo para ti, pero un manto para John. Déjalo, Lisa".

Inmediatamente entendí cuál era el origen de mi carga. La dirección de nuestro hogar, la cual yo había estado intentando llevar, era opresiva para mí porque no era mi tarea cumplirla. No sería opresivo para mi esposo, porque Dios le había ungido como cabeza del hogar.

Reconocí que yo había competido y luchado por la posición de liderazgo en nuestro hogar. Había destrozado a mi esposo en lugar de animarlo y creer en él. Él, a cambio, me había cedido su posición de autoridad, y yo lo había estropeado del todo.

Quebrantada, salí de la ducha y agarré una toalla. De inmediato vi que John estaba en nuestro dormitorio. Lloré y me disculpé. "Lo siento. He luchado contra ti en todo", dije yo. "He tenido miedo de confiar en ti. Dejaré mi trabajo mañana si quieres que lo haga. Quiero que volvamos a ser uno nuevamente".

"No quiero que dejes tu trabajo", respondió John. "No creo que ese sea el problema; pero creo que tienes que dejar de pensar que tú eres la fuente".

Él tenía razón. Yo no era nuestra fuente: lo era Dios. Perder de vista esa verdad me había hecho estar estresada y no ser servicial. Hablamos más y le prometí a John: "Estaré detrás de ti y te apoyaré. Creo en ti".

En ese entonces no estaba segura de qué estaba apoyando o en qué estaba creyendo. Solo sabía que John necesitaba ese apoyo más de lo que yo necesitaba todos los detalles de qué y por qué. Reconocí que todo estaba terriblemente desordenado en nuestro hogar. Quería que Dios trajera orden al caos que yo había creado. A cambio, John también se disculpó por no dirigir y por escudarse en mí. Hicimos un pacto de amarnos, apoyarnos y acercarnos el uno al otro.

Esa noche fue la primera vez en años que yo dormí y de hecho encontré descanso. Mi yugo de atadura me había sido quitado.

Siempre que llevamos lo que Dios nunca quiso que llevásemos, tomamos un pesado yugo de esclavitud. Por otro lado, todo aquello para lo que Dios nos ha ungido descansa sobre nosotros como un manto, una señal de posición y poder que lleva consigo protección y provisión.

Al tomar la dirección de nuestro hogar, yo había recibido un yugo, y John se había quedado sin manto. ¡Era un caos! Cuando me sometí al orden establecido de Dios para el hogar, mi yugo se rompió y John fue envuelto con el manto de liderazgo de Dios. Yo también fui envuelta, porque el manto se extiende para cubrirme a mí y a todas las personas que están bajo el cuidado de John.[6]

Día 5

Personalicen sus Roles

La Biblia tiene mucho que decir en cuanto a los roles de los hombres y las mujeres en el matrimonio, pero hay muchas cosas que no dice. Del mismo modo que Dios les dijo a Adán y Eva que se multiplicaran y llenaran la tierra sin especificar los detalles, Dios da a nuestros matrimonios límites sin enjaularnos. Él proporcionó el marco y modeló cómo debemos servir, pero no micro gestiona cada parte.

Esto se podría asemejar a recibir un gran trozo de tierra para embellecer, construir y disfrutar como nos guste. Algunas personas querrán una piscina, otros quizá quieran poner una cancha de baloncesto y quizá otros quieran hacer ambas cosas o ninguna. De modo similar, el matrimonio es tu "casa y tu terreno" para edificar y disfrutar. Si la mujer es mejor embelleciendo, deja que ella lo haga. Si al marido le gusta la jardinería, deja que él plante. Ambos disfrutarán de los beneficios del servicio del otro. Nadie tiene el derecho de decir que solo los hombres pueden embellecer y las mujeres deberían cuidar del huerto. Hagan lo que les funcione a ustedes, recordando siempre cuál es el marco de servicio. Los detalles los dictan tú, tu cónyuge y la guía del Espíritu de Dios.

Una de las principales fuentes de contención con respecto al asunto de servir en el matrimonio es que esperamos que nuestro cónyuge nos sirva como nosotros le servimos, y eso no siempre sucede. En nuestra familia, nos solíamos reír cuando John nos decía que era un siervo. Él tiene fama de desaparecer de la cocina en cuanto se termina la cena, dejando que yo (Lisa), y nuestros hijos, recogiésemos y lavásemos los platos. No nos parecía que estaba sirviendo.

No reconocíamos que John estaba sirviendo de otra forma. Mientras nosotros recogíamos la mesa, él estaba supervisando nuestra economía, abriendo el correo y pagando las facturas. Él había optado por dejarnos una tarea que nosotros podíamos hacer sin él para ocuparse de otros asuntos que había que hacer, tareas que él, de todos los miembros de nuestra familia, es quien mejor las hace.

Este ejemplo nos lleva a un punto importante: el reparto de responsabilidades. Una de las cosas más útiles que puedes hacer para crear una cultura de servicio en tu matrimonio es determinar de qué es responsable cada uno. Conocer cuáles son las responsabilidades que han acordado asumir les ayudará de dos formas. Primero, administrar bien tu papel es una parte esencial de servir a tu cónyuge. Cuidar de tus responsabilidades le da a tu cónyuge tiempo y paz mental. Segundo, cuando sabes cuáles son las responsabilidades de tu cónyuge, sabes en qué áreas puedes buscar oportunidades de hacer más de lo requerido para servirle.

Quizá hayas notado que ninguno de los versículos de Efesios 5 refuerza ningún estereotipo sobre los intereses o habilidades de hombres y mujeres. No debes sentir presión alguna por limitar la asignación de tareas en tu hogar en cuanto a lo que se considera lo "normal" o lo "tradicional". A algunos maridos les encanta cocinar. A algunas esposas les gusta el mantenimiento de los automóviles. Quizá a alguno de ustedes les gusta supervisar los deberes de los niños mientras que el otro prefiere llevarlos al entrenamiento de fútbol.

Al que mejor se le den las finanzas puede encargarse del dinero. Esa persona puede servir proporcionando a su cónyuge dinero para gastos y ayudando a asegurarse de que la familia no entre en deudas.

También puedes servir a tu cónyuge cuidando de tu cuerpo, de tu aspecto, y no dejándote llevar por las opiniones de tus amigos a costa de los intereses de tu pareja. Puedes servir con palabras y gestos, así como con acciones. Hay mucho espacio para moverse en el matrimonio, y hay muchas oportunidades para servir.

Disfruta de la Bendición

Ahora que saben estas cosas, Dios los bendecirá por hacerlas (Juan 13:17).

Aunque el servicio bendice a la persona que lo recibe, la mayor bendición recae sobre el que sirve.

Tu matrimonio, con la cubierta limpia y lanzada la visión, está en disposición de convertirse en un bonito cuadro del amor de Dios sobre la tierra. Tu mejor enfoque para edificarlo bien es aprovechar todas las oportunidades que tengas para servir. Edifíquense el uno al otro y vean cómo fluyen las bendiciones de Dios.

Cuando comenzamos a edificarnos el uno al otro, Dios comenzó a edificarnos a nosotros. Él extendió las fronteras de nuestro mundo y nos permitió compartir su amor y su gracia con muchas personas a nuestro alrededor. Al edificarse el uno al otro mediante el servicio, Dios abrirá oportunidades para que ministren a quienes están en su esfera de influencia; su brillante plan es convertir su matrimonio en una gran obra de arte que haga volver la cabeza incluso de los incrédulos más cínicos.

Servir tiene que ver tanto con la acción misma como con la actitud. Cada vez que tienes la ocasión de servir a tu cónyuge, puedes escoger una de tres respuestas: negarte y optar por el egoísmo, servir con un receloso sentimiento de obligación, o poner tu vida alegremente porque te deleitas apoyando a tu pareja.

Tengan la misma actitud que tuvo Cristo Jesús(...) Aunque era Dios(...),renunció a sus privilegios divinos; adoptó la humilde posición de un esclavo. (Filipenses 2:5-7)

Cuando te casas con alguien, en esencia firmas para servirle durante el resto de tu vida. Tu "sí, quiero" fue en realidad otra forma de decir:

"Dedico mi vida a tus mejores intereses. Escojo gozarme al entregarte mi vida. Tus sueños, deseos y metas son ahora lo que más me interesa. Quiero aprender a mostrar el amor de Dios contigo".

Si abordas el matrimonio desde la verdaderamente humilde posición de un siervo, experimentarás una unión divina. No siempre será fácil, pero si luchas por lo mejor de Dios y escoges vivir desinteresadamente, tu hogar desbordará de amor, gozo, paz, felicidad y satisfacción, y le darás al mundo un cuadro del amor de Dios.

Devocional Día 1

EL SECRETO DEL ÉXITO

Mas yo estoy entre vosotros como el que sirve.
(Lucas 22:27 RVR 1960)

Pero no usen esa libertad para satisfacer los deseos de la naturaleza
pecaminosa. Al contrario, usen la libertad para
servirse unos a otros por amor.
(Gálatas 5:13)

"El amor es el fundamento del matrimonio: amar a Dios y amar al otro", explican los escritores y oradores **Dr. Henry Cloud** y **Dr. John Townsend**. "Se expresa a sí mismo al buscar lo mejor para la otra persona al margen de si se lo merece o no. Sitúa a la otra persona por encima de las necesidades y los deseos egoístas de uno mismo. Se sacrifica, da y sufre. Soporta heridas y tormentas por la preservación a largo plazo del pacto".[7]

Buscar los mejores intereses de tu cónyuge, poner sus necesidades y deseos por encima de los tuyos, y dar de manera sacrificial, todo ello personifica una sola cosa: *servir*. Este es el secreto para un matrimonio exitoso.

Detente y piensa: ¿Cuáles son algunos de los *intereses* de tu cónyuge? ¿Qué le produce satisfacción? ¿Qué disfruta en términos de recreo y aficiones? ¿Qué le hace relajarse, sonreír y sentirse feliz?

¿De qué formas prácticas puedes animarle en sus intereses y hacer de esos intereses tu prioridad?

Pregúntate, y también al Espíritu Santo: *¿Qué me está impidiendo servir a mi cónyuge? ¿Hay algo específico en mí que esté impulsando o promoviendo el egoísmo? ¿Hay algo que me da miedo que suceda si me humillo y sirvo?* Ora para que el Espíritu Santo te muestre lo que hay en tu corazón.

Jesús es el siervo supremo, y como hijo de Dios, has recibido su ADN. ¡Así es! Tú tienes sus genes espirituales, uno de los cuales es servir. Toma un momento para meditar en estos versículos.

> *Los que han nacido en la familia de Dios no se caracterizan por practicar el pecado, porque la vida de Dios está en ellos. Así que no pueden seguir pecando, porque son hijos de Dios.* (1 Juan 3:9)

> *Tu nueva vida no es como tu antigua vida. Tu viejo nacimiento vino de un esperma mortal; tu nuevo nacimiento viene de la Palabra viva de Dios. Piensa: ¡una vida concebida por Dios mismo!* (1 Pedro 1:23 MSG)

> *Vengan a mí... Pónganse mi yugo. Déjenme enseñarles, porque yo soy humilde y tierno de corazón, y encontrarán descanso para el alma. Pues mi yugo es fácil de llevar y la carga que les doy es liviana* (Mateo 11:28-30).

¿Qué te está revelando el Espíritu Santo? ¿Cómo te animan y motivan estos versículos para orar?

Devocional Día 2

EJERCER DOMINIO

Digo: ¿Qué es el hombre, para que tengas de él memoria...
Le hiciste señorear sobre las obras de tus manos;
todo lo pusiste debajo de sus pies...
(Salmos 8:4, 6 RVR 1960)

Ser desprendido y un corazón que sirve son parte de nuestra herencia como creyentes en Cristo. Estas maravillosas características de nuestro Padre celestial se cultivan y se hacen reales en nuestra vida al pasar tiempo en relación con Él. Es decir, nuestra vida y nuestro matrimonio reflejan la actitud de siervo de Jesús al mismo grado que permitimos que su Espíritu Santo nos llene continuamente.

Medita en el momento en que comenzaste tu relación con el Señor. ¿De qué maneras concretas te ha transformado su Espíritu para bien? ¿Cómo ha transformado tu matrimonio?

Por la morada de su Espíritu, Dios desea que tú y tu pareja ejerzan dominio sobre todo lo que Él les ha confiado. Según el diccionario original de Webster de 1828, la palabra *dominio* significa "el poder de gobernar o controlar; poder para dirigir, controlar y usar; autoridad suprema".[8]

Lee muy despacio la definición de dominio. Ahora detente y piensa: individualmente y como pareja, ¿quién o qué cosas se les han entregado bajo su control, o se les ha encomendado dirigir, controlar o ejercer autoridad?

¿Alguna de sus áreas de dominio se ha torcido y convertido en algo que ahora les domina y controla? Si es así, explícalo.

Ora y somete esta área al Espíritu Santo. Pídele que te perdone y te dé su gracia (poder) y un plan para recuperar el dominio sobre esa área.

¿De qué formas prácticas puedes trabajar con tu pareja como un *aliado* en vez de un enemigo? ¿Cómo puedes ejercer mejor el dominio sobre tus hijos, tus recursos, tus áreas de trabajo y ministerio, etc.?

Cuando tú y tu pareja son de un mismo corazón y propósito, se multiplican. Donde hay unidad, Dios envía una bendición (ver Salmo 133). ¿En qué área(s) ha estado trabajando el enemigo horas extra para causar división y riña entre tú y tu cónyuge? Humíllate y ríndele esos asuntos a Dios. Da la bienvenida a su Espíritu, pídele unidad con tu pareja y espera la bendición del Señor.

Devocional Día 3

HÓNRENSE EL UNO AL OTRO COMO A UN IGUAL

La esposa debe honrar a su esposo.
(Efesios 5:33 MSG)

Lo mismo se requiere de ustedes, esposos: Sean buenos esposos para sus esposas, hónrenlas, deléitense en ellas… En la nueva vida de gracia de Dios, ustedes son iguales. Traten a sus esposas, entonces, como a iguales para que sus oraciones no encallen.
(1 Pedro 3:7 MSG)

Los hombres y las mujeres son iguales en el matrimonio. La esposa no es algo secundario para su esposo, ni el esposo es algo secundario para su esposa. Los dos cónyuges son coherederos y tienen esferas iguales en la gracia de Dios. ¿Cómo podemos honrarnos mejor el uno al otro como iguales? Aprendiendo y desempeñando los roles que Dios no ha entregado. El **pastor Jimmy Evans** comparte esto:

La necesidad marital principal es la necesidad de honrar. ¿No es interesante que Dios ordene que la mujer se someta a un hombre 'como al Señor'? Cuando una mujer *honra* a un hombre y *se somete* a él con una actitud gozosa, cumple la necesidad marital más profunda de su esposo. Del mismo modo, cuando un hombre *se entrega de forma sacrificial* para nutrir y cuidar a su esposa, cumple la necesidad marital más profunda de su esposa: la necesidad de seguridad. Una mujer necesita un líder que le *proteja y provea*. Cuando un hombre hace eso con una actitud gozosa, los anhelos internos de una mujer son satisfechos.[9]

Hombres, tu esposa es primeramente hija de Dios y después tu esposa. Mujeres, tu marido es primeramente hijo de Dios y después tu marido.

Honramos a nuestro Padre celestial al honrarnos el uno al otro como portadores iguales de la imagen de Dios. Lee con detenimiento las instrucciones de Dios para los esposos y las esposas en este pasaje:

> *Esposas, entiendan y apoyen a sus esposos de formas que muestren su apoyo a Cristo. El esposo provee liderazgo a su esposa de la forma en que Cristo lo hace con su iglesia, no dominándola, sino nutriéndola. Así pues, del mismo modo que la iglesia se somete a Cristo mientras él ejerce su liderazgo, las esposas deberían igualmente someterse a sus esposos.*
>
> *Esposos, denlo todo en su amor por sus esposas, del mismo modo que Cristo lo hizo por la iglesia, un amor marcado por el dar, y no el pedir. El amor de Cristo hace que la iglesia esté completa. Sus palabras evocan su belleza. Todo lo que él hace y dice está diseñado para sacar lo mejor de ella, vistiéndola de seda blanca resplandeciente, radiante de santidad. Y así es como los esposos deben amar a sus esposas. Ellos en verdad se están haciendo un favor a sí mismos, pues ya son "uno" en el matrimonio.*
>
> *Nadie abusa de su propio cuerpo, ¿no es así? No, sino que lo alimenta y mima. Así es como Cristo nos trata a la iglesia, ya que somos parte de su cuerpo. Y por eso un hombre deja a su padre y a su madre y cuida de su esposa. Ya no son más dos, sino que se convierten en "una sola carne.(Efesios 5:22-31 MSG)*

¿Qué te está mostrando el Espíritu Santo sobre el papel del esposo? ¿Y el papel de la esposa?

¿Estás honrando a tu cónyuge al desempeñar el papel que Dios te ha dado? ¿En qué áreas tienes aún que crecer?

Haz una pausa y ora: "Espíritu Santo, ¿qué me está impidiendo honrar a mi pareja? ¿Qué me estoy perdiendo debido a mi falta de honra? ¿Qué potencial en mi cónyuge he dejado sin destapar? Por favor, ayúdame a ver su valor extraordinario". Quédate callado y escucha. ¿Qué te está revelando el Espíritu Santo?

Devocional Día 4

UN RETRATO DE JESÚS

Como dicen las Escrituras: «El hombre deja a su padre y a su
madre, y se une a su esposa, *y los dos se convierten en uno solo*».
Eso es un gran misterio, pero ilustra la manera
en que Cristo y la iglesia son uno.
(Efesios 5:31-32)

Dios diseñó los roles del esposo y la esposa. Estos roles no tienen que ver
con la inferioridad o la dominación. En última instancia son ilustracio-
nes de la relación entre Cristo y la iglesia.

Ahora que has leído acerca de los roles de ambos cónyuges, compara lo
que has estudiado en este capítulo con lo que quizá hayas oído o pensando antes. ¿Algo de este capítulo ha sido distinto de lo que habías leído
o creías antes? ¿Qué te desafía? ¿Qué te anima? ¿Qué quieres estudiar
más?

Piensa en el papel del esposo: liderar a su esposa sirviéndola como Jesús
sirve. En el matrimonio, él provee un cuadro del liderazgo, servicio y
amor de Jesús. Hombres, ¿qué les emociona de su papel? ¿Hay algo en
todo ello que te hace sentir inseguro?

La intención nunca fue que cumplieras este papel con tus propias fuerzas. Haz una pausa y ora: "Espíritu Santo, tú eres el Espíritu de Jesucristo, y vives en mí. Enséñame a amar y servir como Jesús. Dame la gracia para dirigir bien, tomar buenas decisiones y honrar a mi esposa como un socio más en nuestra unión".

Esposas, ¿qué les emociona respecto al papel del esposo? ¿Cómo puedes honrar el papel de tu esposo para producir unidad en tu matrimonio?

Después, considera el papel de la mujer: entrar voluntariamente en el papel de la sumisión y el apoyo, lo cual representa el apoyo y sumisión de la iglesia a Cristo. Mujeres, ¿qué les emociona de su papel? ¿Hay algo que te produzca sentimientos de temor o inferioridad? ¿Por qué?

Tu voz, dones y contribución son válidos y valiosos. Toma un momento para orar: "Dios, gracias por pedirme que modele la bondad que hay en someterse a ti. No permitiré que nada salvo tu Palabra moldee mi entendimiento de mi identidad. Dame la gracia para servir y apoyar a mi esposo, así como del mismo modo anhelo servirte a ti".

Hombres, ¿qué les emociona del papel de la mujer? ¿Cómo puedes honrar el papel de tu esposa para traer unidad a tu matrimonio?

Habla de tus respuestas a estas preguntas con tu cónyuge. Discutan tu visión para establecer unidad en tu matrimonio, tratando cualquier preocupación o los ajustes necesarios. Si alguno de los dos tiene sentimientos de temor o incertidumbre, vayan a la Palabra de Dios. ¿Qué tiene que decir?

Hagan juntos esta oración: *"Padre, te damos gracias porque nos has honrado a cada uno con un papel bonito, de peso y noble en nuestro matrimonio. Ayúdanos a servirnos el uno al otro y a modelar la unidad y amarnos bien, para tu gloria. En el nombre de Jesús, amén".*

Devocional Día 5

HACIENDO EQUIPO

Vivan en armonía unos con otros. No sean tan orgullosos como
para no disfrutar de la compañía de la gente común.
¡Y no piensen que lo saben todo!
(Romanos 12:16)

Probablemente hayas oído decir: "Un equipo no tiene estrellas individuales". Esto es cierto no solo en los deportes sino también en el matrimonio. Tú y tu "pareja" de equipo juegan cada uno un papel importante y necesario, y ninguno de ustedes es superior al otro. "Ser diferente no debería ser un problema en el matrimonio", defienden el **Dr. Henry Cloud** y el **Dr. John Townsend**. "Cuando tu pareja tiene un punto de vista alternativo al tuyo en la educación de los hijos o en los muebles de la casa, has sido enriquecido. Tu mundo ha sido agrandado".[10]

Así pues, ¿quién juega mejor en cada posición en tu matrimonio? Siempre habrá alguna responsabilidad compartida, y esas tareas pueden adaptarse con el tiempo. Pero en general, ¿quién está mejor posicionado ahora mismo para realizar cada tarea?

Haz un inventario de equipo. Crea una lista para tu hogar. Escribe las distintas posiciones que se deben cumplir y asigna al mejor jugador para cada papel. Algunas tareas las puede realizar por completo uno de los cónyuges o el otro. Quizá otras se realicen mejor entre los dos, variando las responsabilidades para hacerlo un día cada uno o una semana cada uno.

Estos son algunos ejemplos:

Limpiar y mantener el automóvil	Preparar y planificar las comidas
Planificar las vacaciones	Lavar los platos después de las comidas
Hacer el presupuesto	Aspirar la casa
Pagar las facturas	Limpiar el polvo
Lavar la ropa	Cortar el césped
Revisar las tareas escolares	Jardinería y poda
Llevar a los niños a su escuela, partidos, etc	Hacer la compra

¿Llegaste al matrimonio con alguna idea preconcebida sobre qué tareas "debía" realizar alguno de ustedes? Si es así, ¿cuáles eran? Evalúa tus respuestas en comparación con tu listado. ¿Ves algún área en la que sean necesarios algunos ajustes?

Descarta los estereotipos. No dejes que otros definan esos detalles de tu matrimonio.

Vuelve a leer tu lista y compárala con la de tu cónyuge. Dialoguen sobre sus respuestas. Después escriban una lista de responsabilidades en la que los dos estén de acuerdo.

Veamos la inventiva que podemos tener al animarnos al amor y ayu-darnos... (Hebreos 10:24 MSG)

¿De qué formas puedes usar tus actitudes, palabras y acciones para apoyar a tu pareja en sus responsabilidades?

PREGUNTAS DE DISCUSIÓN

Si estás usando este libro como parte de la Serie Messenger sobre
La Historia del Matrimonio, *por favor, consulta la sesión 4 del video.*

1. Jesús nos dio un gran ejemplo cuando tomó la posición más baja de servicio y lavó los pies de sus discípulos (ver Juan 13:1-17). Aunque el hecho de lavar los pies es algo prácticamente inexistente en nuestro mundo occidental, la necesidad de servirnos el uno al otro permanece. ¿Cuáles son algunas formas prácticas en las que podemos imitar a Jesús y simbólicamente "lavar los pies de nuestro cónyuge"?

2. *Hombres,* ¿por qué es tan importante que tú como esposo veas a tu esposa como un socio igual en el matrimonio (ver 1 Pedro 3:7)? ¿Qué ocurrirá si no lo haces? *Mujeres,* ¿por qué es tan importante que como esposa no le niegues el honor a tu esposo? ¿Qué sucederá si lo haces?

   ¿Cómo estas respuestas inspiran el temor del Señor en ti para vivir los roles que Dios ha establecido por su gracia?

3. La relación matrimonial entre un hombre y una mujer tiene la intención de reflejar la imagen de la relación de Jesús con nosotros, su Novia. Describe a quién simbolizan el esposo y la esposa en la relación matrimonial. ¿Cómo revelan los roles del esposo y de la esposa el amor de Jesús hacia su iglesia y hacia los no creyentes? ¿Cómo somos empoderados para llevar a cabo nuestras tareas?

Líderes: Para la segunda parte de esta pregunta, enfóquense en Efesios 5:18, junto a Hechos 1:8; Zacarías 4:6; Santiago 4:6; Filipenses 4:13.

4. Dios quiere que estemos unidos, no separados, por nuestras diferencias. Piensa un momento. ¿Cómo sería la vida si tu cónyuge y tú fuesen exactamente iguales, con debilidades y fortalezas idénticas? Describe la situación, y después comparte algunas formas nuevas en que podrías apreciar y celebrar las diferencias.

5. Conocer las responsabilidades que han acordado en su hogar es muy útil e importante. ¿Has establecido algo como esto en tu matrimonio? ¿Cómo te ayuda este conocimiento a crear un entorno de servicio, y al mismo tiempo fortalecer a tu cónyuge?

RESUMEN DEL CAPÍTULO:

+ El método más eficaz para edificar un matrimonio saludable es convertirse en un siervo para tu cónyuge; aprender a sacrificar tus mejores intereses por la búsqueda de los suyos.

+ Nuestros matrimonios no solo reflejan a Cristo al grado en que damos la bienvenida a su Espíritu en nuestra vida, sino que al permitir que nuestra vida sea llena continuamente de su Espíritu, podemos experimentar la renovación de nuestra mente y la transformación de nuestra conducta.

+ Los hombres y las mujeres son portadores de una imagen que refleja la naturaleza de Dios en la tierra. Ambos son igualmente valiosos, y a ambos se les ha otorgado autoridad para servirse el uno al otro.

+ Esposo, Dios te ha encomendado proveer, proteger y empoderar a tu esposa. Debes amarla y honrarla poniendo tu vida sacrificialmente por ella, anteponiendo sus intereses a los tuyos.

+ Esposa, Dios te ha encomendado servir como cuidadora y guardiana del corazón de tu esposo. Debes honrarle sometiéndote a su liderazgo como te someterías a Cristo.

+ Conocer sus responsabilidades acordadas en su hogar reduce los conflictos, ayuda a conseguir más paz y sirve para crear una mentalidad de equipo.

Intimidad

*El sexo es para las relaciones totalmente comprometidas porque
es una probada del gozo que viene al estar en completa unión con
Dios mediante Cristo. El amor más eufórico entre un hombre y una
mujer en la tierra es solo una pizca de lo que es ese gozo.*
—Timothy y Kathy Keller, *The Meaning of
Marriage* (El Significado del Matrimonio)

*…Oh amante y amada: ¡coman y beban!
¡Sí, beban su amor hasta saciarse!*
(Cantar de los Cantares 5:1)

Día 1

La Escritura no es tímida a la hora de describir los planes de
Dios para la relación sexual. De hecho, es bastante explícita
y a veces raya lo erótico. Si no nos crees, pasa unos minutos
leyendo el Cantar de los Cantares con tu cónyuge y ve lo que
ocurre.

A diferencia de muchos de nosotros, Dios no se avergüenza del sexo. Él
se deleita en su belleza y celebra su propósito. Dios quiere involucrarse
íntimamente en nuestra intimidad. El sexo dentro del contexto marital
no es solo bueno y permisible, ¡sino algo bueno y que se fomenta!

"*Beban su amor hasta saciarse*", dice el Cantar de los Cantares. En otras palabras, el sexo es misterioso y profundo; no hay razón alguna para conformarse con una experiencia superficial. Prueba y disfruta de la satisfacción sin igual de la intimidad.

El sexo es como apretar un botón de refresco relacional, así que no es sorprendente que las Escrituras a menudo usen el agua como una metáfora del placer y la satisfacción sexual. El agua es esencial para la continuación de la vida, y proporciona refresco y vitalidad. Una vida sexual saludable no es la plena esencia del matrimonio, pero su valor no se puede exagerar. Dios pretende que la relación sexual sea algo para celebrar, un recuerdo maravilloso del profundo pacto que entrelaza dos vidas.

¿Y sabías que el sexo es bueno para tu salud? Además de aumentar tu intimidad relacional, mejora tu sistema inmunológico, te ayuda a mantener un peso saludable, disminuye la presión sanguínea, reduce el dolor y reduce el riesgo de sufrir ataques de corazón, por nombrar tan solo algunos de sus beneficios.[2]

Algunas facciones de la iglesia han estigmatizado el deseo de intimidad sexual como un apetito depravado y carnal. Debido a esto, incluso el sexo dentro del matrimonio ha recibido una mala fama. Algunos querrían hacernos creer que es un acto de obligación que la esposa realiza por su esposo, ¡pero la verdad es que el sexo es para que ambos cónyuges disfruten! Algunos han estigmatizado el sexo como un mal necesario tolerado por causa de la procreación. Esta idea equivocada, junto a las diversas perversiones de Satanás de este acto sagrado, ha causado que muchos lo vean con gran aprensión.

La reproducción es uno de los propósitos del sexo, pero desde el principio Dios lo diseñó para que también fuera una fuente de felicidad. "Que tu esposa sea una fuente de bendición para ti", dice este versículo. "*Alégrate con la esposa de tu juventud. Es una cierva amorosa, una gacela llena de gracia. Que sus pechos te satisfagan siempre. Que siempre seas cautivado por su amor*" (Proverbios 5:18-19). Otra traducción de este versículo dice: "*recréate siempre*" (RVR 1960).

Claramente, Dios no es puritano. Él creó los órganos sexuales y no se avergüenza de sus funciones. Él hizo el sexo y creó sus sensaciones. Nuestro placer es su deleite. Él no quiere reducir nuestros deseos sexuales. Él quiere santificarlos.

Sexo Santificado

La santificación es el viaje de la santidad, lo cual podríamos decir también que es el viaje hacia lo mejor de Dios para nuestra vida. Piensa en ello como la extracción de la naturaleza humana y la infusión de la divina. Desarrollar una vida sexual maravillosa (lo cual es parte de lo mejor de Dios para nosotros) comienza al aceptar el llamado de Dios a la santidad en el dormitorio. Al hacerlo, descubriremos la gratificación sexual que trasciende los límites de la imaginación humana.

Pero Dios solo puede santificar, o hacer santo, aquello que le ofrecemos. Tristemente, muchos rehusamos presentarle nuestra sexualidad porque nos da vergüenza de los errores pasados o estamos cautivos por los abusos del pasado. Esas experiencias nos hacen ver nuestra naturaleza sexual como algo profano, así que intentamos escudar del Santo esas esferas ensombrecidas. Es sorprendente lo rápido que muchos olvidan que el Creador del sexo tiene el poder de redimirlo y de hacerlo santo.

La vergüenza quiere mantener el enfoque en nosotros y lejos de Dios. Nos atrapa en un intento de hacernos rechazar la misericordia y la gracia de Dios. Finalmente, lo que parece vergüenza inicialmente puede en realidad convertirse en una forma de orgullo. Insultamos la misericordia de Dios, como si lo que Él hizo no fuera suficiente para sanar esta área íntima de nuestra vida. Seguimos manteniendo nuestro dolor cerquita de nosotros en vez de soltarlo a la luz del amor. Los que sienten que Dios no se ocupó de protegerles en su pasado sexual a menudo tienen miedo de invitar a Dios a su presente. El hecho es que Dios no te falló; lo que ocurrió fue la consecuencia de la humanidad caída. No dejes que la vergüenza del pecado o el abuso te impida disfrutar de toda la plenitud de la intimidad marital y la dicha sexual. Dios anhela sanar cada lugar roto y restaurarlo.

Como muchas parejas cristianas, al poco de casarnos supusimos que nuestros votos matrimoniales limpiarían el historial sexual de nuestro pasado y nos pondrían de camino al paraíso. Creíamos que debido a que nos amábamos y estábamos comprometidos el uno con el otro, ninguna sombra del pasado podría cruzar el umbral de nuestro futuro. Imaginábamos que ese acceso regular a la intimidad sexual desvanecería los patrones de egoísmo o la vergüenza contaminada. Estábamos tristemente equivocados, y contaremos nuestra historia en concreto aquí para compartir las decisiones y revelaciones que nos llevaron a la libertad.

Ninguna herencia o fracaso puede descalificar a los hijos de Dios para establecer un nuevo legado sexual. Pero solo Dios puede santificar nuestra sexualidad y redimir nuestro errores pasados, presentes y futuros. Y solo por su gracia el lecho conyugal se convierte en un refugio de satisfacción y amor.

Sea cual sea tu pasado, Dios desea restaurar de manera radical y completa tu sexualidad. Su gracia es mayor que cualquier cosa que hayas hecho o sufrido nunca, pero no puedes tener acceso a su gracia a menos que primero lo hagas a Él Señor de tu sexualidad. Reconoce tu quebrantamiento y dásela a Dios. Él transformará tu pesadilla sexual en un hermoso sueño.

Honrar el Lecho Conyugal

> *Honren el matrimonio, y los casados manténganse fieles el uno al otro. Con toda seguridad, Dios juzgará a los que cometen inmoralidades sexuales y a los que cometen adulterio.* (Hebreos 13:4)

Si hay un problema en tu matrimonio, aparecerá primero en tu cama. La falta de pasión en el lecho conyugal es por lo general un síntoma de otros problemas, no de una mala actuación sexual. Los problemas ocultos se manifiestan en lugares de vulnerabilidad, y nunca somos tan vulnerables como en los momentos de intimidad sexual.

El principio más importante en la intimidad sexual es el honor. Muchos creen erróneamente que el lecho conyugal no se puede deshonrar o profanar, así que vale cualquier cosa. No hay nada más lejos de la verdad.

Honramos nuestro matrimonio cuando estamos solteros o comprometidos al mantenernos puros y reservarnos para nuestra futura pareja. Honramos nuestros lechos conyugales después del día de la boda al no permitir nunca que otros entren (cometiendo así adulterio) y no permitiendo que ninguna otra cosa nos distraiga de la belleza de la intimidad sexual (como pornografía, perversión o impureza).[3] El lecho conyugal no santifica las indulgencias sexuales infames; más bien, las conductas infames ensucian el lecho conyugal y nos impiden disfrutar de la verdadera intimidad. También honramos nuestra cama al considerarla un lugar en el que servimos a los mejores intereses de nuestro cónyuge, como discutimos en el último capítulo. Servir a nuestro cónyuge sexualmente significa honrar sus necesidades dentro de la definición de santidad de Dios.

A veces, servimos a nuestro cónyuge teniendo sexo incluso cuando no nos sentimos sexys. Cuanto mayor te haces, menos importa el sentirte sexy. Uno deja de abordar el sexo como meramente algo que afirma tu atracción física para tu cónyuge, y se convierte más en una atracción íntima. Dios creó el sexo como una forma para que el esposo y la esposa conecten el uno con el otro; no permitas que la inseguridad te impida disfrutar de esta conexión. (En este mismo espíritu de servicio, no deberías presionar a tu pareja para hacer ningún acto con el que él o ella no se sienta cómodo por causa de tu propio placer.)

Como hemos hecho de nuestro lecho conyugal un lugar de honor, tenemos un mejor sexo a los cincuenta que el que teníamos a los veinte, aunque teníamos mejor aspecto cuando teníamos veinte que ahora. La relación sexual estupenda no tiene que ver con tu apariencia o cómo lo hagas. Se trata de quiénes sean juntos.

Cuando hacemos el amor, estamos celebrando nuestros más de treinta años de vida matrimonial. Nuestros gozos, dolores, luchas y victorias añaden significado y valor a nuestra intimidad. Nuestra intimidad espiritual, emocional y fisiológica culmina en un placer y satisfacción santos. La cultura sexual que hemos establecido en nuestro matrimonio es un testimonio del poder redentor de Dios, porque estamos muy lejos de donde comenzamos.

Día 2

La Historia de Lisa

John y yo traíamos formas distintas de pecado sexual y quebrantamiento a nuestro matrimonio. Mientras John luchaba con sus batallas particulares, yo tenía que luchar mi propia batalla íntima. Nunca me imaginé que las decisiones sexuales aparentemente despreocupadas que tomé siento estudiante universitaria de diecinueve años regresarían para confrontar mi libertad como joven de veintidós años recién casada.

Cuando mis padres al principio me hablaron sobre el tema del sexo, me explicaron que era algo reservado para el matrimonio, pero no me dijeron por qué. Según yo lo recuerdo, el principal énfasis estaba en el temor a contraer alguna enfermedad de transmisión sexual o a la vergüenza de un embarazo siendo soltera.

El matrimonio de mis padres estaba sobre arenas movedizas, y parecía haber mucha incoherencia entre lo que me decían y cómo decidieron vivir ellos. Dicho esto, mi abuela y mi padre tuvieron cada uno de ellos múltiples aventuras amorosas. Los conceptos de pureza o virtud nunca entraron en la conversación. Según mi observación, parecía que el truco era hacer lo que uno quería mientras se hiciera de forma responsable y no te atraparan.

Adopté esa lógica como propia en la universidad y la emparejé con un sentimiento de moralidad que había formado en compañía de mis iguales: yo solo me acostaría con personas a las que amase, y sería responsable sexualmente hablando. Un aspecto de esta "responsabilidad" era usar métodos anticonceptivos. Ocasionalmente, incluso llevé a mis hermanas de la confraternidad menos responsables a mi doctor para que ellas también pudieran conseguir la píldora.

Entonces conocí a John, y en nuestra primera cita él me condujo al Señor. Yo tenía veintiún años. Nací de nuevo, fui llena del Espíritu y sanada, todo en esa misma noche. Durante el transcurso de nuestra conversación, dije algo ridículo. Hice este comentario: "Estoy muy contenta de haber sido moral".

Tengo que preguntarme por qué tuve que decir yo algo tan estúpido. No tengo ni idea, salvo que no entendía la diferencia entre *moral* y *santo*. Recuerda: yo pensaba que acostarme con personas a las que una amaba era sinónimo de ser *moral*. Aunque había nacido de nuevo, en esas primeras horas mi mente estaba lejos de haber sido ya renovada.

Después, cuando comenzamos a salir en serio, esperaba que John olvidase lo que había dicho. Imagínate mi horror cuando me dijo: "Estoy muy contento de que ambos nos hayamos guardado".

Yo quería gritar: "¡Eso fue un comentario ignorante de una bebé cristiana recién nacida!". Fue entonces cuando descubrí lo dolorosas que podrían ser para otros las consecuencias de mis decisiones privadas.

Después llegó el día en que sabía que John iba a pedirme que compartiera su vida con él, y sabía que tendría que decirle la verdad.

Sentía que yo no merecía a John, creyendo que había comprometido la preciosa oportunidad de edificar mi vida con un hombre que amaba a Dios y que se preocupaba por mí. Fui a pasear y oré a Dios. Sabía que había sido perdonada, pero estaba agobiada por la culpa de las consecuencias de mis decisiones sexuales.

Fui al apartamento de John para hablar con él, pero antes de que pudiera confesar mi vergonzoso secreto, él dijo: "¿Te importa si te leo un versículo? Sentí que tenía que compartirlo contigo".

Yo asentí, y John comenzó a leer: *"De modo que, si alguno está en Cristo, nueva criatura es; las cosas viejas pasaron; he aquí todas son hechas nuevas".* (2 Corintios 5:17 RVR 1960)

"Sé que puede parecer raro", continuó él, "pero sentí como si Dios me dijera que te dijera que las cosas viejas ya se han ido. Tú eres nueva, y eres como… una virgen".

Pensé que iba a vomitar. "Yo *no* soy virgen", dije. "Eso era lo que venía a decirte".

John me tomó de los hombros, me miró a los ojos, y dijo: "Si Dios dice que lo eres, ¿quién eres tú para llevarle la contraria?". En ese momento, toda mi vergüenza desapareció.[4]

Restaurar la Sexualidad Rota

Aun así, había despertado mi sexualidad en el ámbito de la lujuria y no del amor. Cuando entré en el pacto matrimonial y quería amar, no sabía cómo. En mi mente, el sexo era algo malo. Estaba mal. Estaba prohibido. Ahora que estábamos casados, el sexo era de repente algo bueno y santo y que se debía celebrar. No sabía cómo hacer la transición.

John y yo estábamos a solas juntos, y de repente experimentaba una aterradora escena retrospectiva de una imagen de alguna horrible película X que había visto cinco años atrás en la universidad. O me veía cerrándome sexualmente con vergüenza por los recuerdos de los encuentros sexuales del pasado con un antiguo novio. Era horrible.

Cuando debería haber sido capaz de entregarme libremente a mi esposo con total abandono, me encontraba atada al pasado. John merecía todo de mí, y yo ya no era capaz de tener libertad sexual debido a mis acciones anteriores. Luchaba con pensamientos impuros, imágenes, comparaciones y vergüenza. Luchaba contra ello, pero parecía que no conseguía nada. Fue en esa época de mi vida cuando aprendí acerca del poder de romper las ligaduras del alma y las maldiciones generacionales.

Hablamos ya de las maldiciones familiares en este libro. Como mencioné, había una historia de inmoralidad e infidelidad en mi linaje, algo a lo cual tuve que renunciar. Pero también tuve que romper las ligaduras del alma de los encuentros pasados para que mi fragmentada sexualidad pudiera ser restaurada. Veamos unos versículos que hablan de esto:

> *¿No saben que sus cuerpos son miembros de Cristo mismo? ¿Tomaré acaso los miembros de Cristo para unirlos con una prostituta? ¡Jamás! ¿No saben que el que se une a una prostituta se hace un solo cuerpo con ella? Pues la Escritura dice: «Los dos llegarán a ser un solo cuerpo».* (1 Corintios 6:15-16 NVI)

No estoy llamando prostitutos a mis antiguos novios, pero el principio aquí es el mismo. Yo había sido una con ellos, y ahora tenía un pacto con otro. Con cada unión y separación, mi alma había sido fragmentada hasta el punto de que ya no estaba completa sino rota sexualmente. Cuando uno está roto sexualmente, resulta increíblemente difícil entregarte por completo a tu cónyuge, porque ya no estás completo.

Para caminar en pureza y disfrutar del regalo de la intimidad, debemos estar completos, y solo Dios puede restaurarnos para dejarnos de una pieza otra vez cuando habíamos tenido tantas fracturas. Solo Dios puede restaurar el honor a nuestra sexualidad cuando ha habido violación y deshonra. Solo Dios puede tomar lo impuro y profano y hacerlo santo y puro de nuevo. Solo Dios puede darnos belleza en lugar de las cenizas que llevamos ante Él.

Si tu sexualidad ha sido quebrantada por la inmoralidad del pasado (ya sea promiscuidad, pornografía acompañada de masturbación, o cualquier otra impureza), nos gustaría invitarte de nuevo a dedicar un tiempo a orar por tu restauración. De nuevo, por favor prepárate espiritualmente antes de orar, y ora solo con tu cónyuge, tu mejor amigo, tu compañero de oración o solo con la presencia del Espíritu de Dios. Declara en voz alta:

Padre celestial,

Gracias por enviar a tu Hijo para llevar el castigo de mi pecado. Como estoy en Cristo, todas las cosas viejas han pasado de mi vida. Ahora todas son nuevas. Según 2 Corintios 5:21, Jesús tomó mi pecado para que yo pudiera convertirme en tu justicia. Eso es lo que soy hoy.

Ahora confieso y renuncio a mi pecado y a los pecados de mis antepasados por cualquier participación en el pecado sexual y toda impureza, perversión y promiscuidad. (Sé sensible aquí para nombrar específicamente los pecados a los que estás renunciando. Decláralos delante de Dios sin vergüenza. No hay nada oculto, Él conoce cada uno de ellos y anhela quitar el peso de culpa y vergüenza de encima de ti. Después, cuando estés listo, continúa.)

Padre, tomo la espada de tu Espíritu y corto toda ligadura del alma con un carácter sexual infame entre yo y... (Escucha al Espíritu Santo, y declara cada nombre en voz alta cuando lo oigas. Es bastante posible que los nombres puedan ser de personas con las que no tuviste relaciones sexuales, pero con los que te involucraste sexual o emocionalmente de una forma que deberías haber reservado solo para tu cónyuge o tu Salvador.)

Tras declarar cada nombre en voz alta individualmente, haz esta oración:

Padre, libera tus ángeles para que se lleven los trozos de mi alma de esas personas. Devuélvemelos por tu Espíritu para que pueda volver a estar completa, santa, y apartada para tu agrado.

Padre, renuncio a cualquier conexión con cualquier imagen pervertida y promiscua. Perdóname por permitir que haya habido imágenes viles y pervertidas ante mis ojos. Hago un pacto según el Salmo 101:3 y guardaré los asuntos de mi corazón con las puertas de mis ojos. No permitiré que entre ninguna cosa vil por mis ojos. Renuncio a todo espíritu inmundo y le ordeno tanto a él como a su influencia que se vayan de mi vida.

Padre, lávame en la sangre limpiadora de Jesús, porque solo ella tiene el poder de limpiar y expiar. Me consagro ahora como tú templo; mediante el poder de tu Espíritu Santo, elimino toda profanación de espíritu, alma y cuerpo de este santuario. Lléname para que rebose de la morada de tu Espíritu Santo. Abre mis ojos para ver, mis oídos para oír, y mi corazón para recibir todo lo que tienes para mí. Soy tuya. Haz lo que quieras en mi vida.

Te amo, tu hija.[5]

Día 3

La Historia de John

Yo técnicamente me guardé para mi esposa, pero estaba atado a la pornografía acompañada de masturbación. Llevé estas adicciones a mi matrimonio, pensando que el sexo con mi preciosa esposa curaría mi impureza. No lo hizo. Seguí batallando con la lujuria durante años después de nuestra ceremonia de bodas. Mi adicción obstaculizaba mucho nuestra vida sexual. Estaba avergonzado y confundido. No quería estar atado por la lujuria, pero por mucho que lo intentara no podía ser libre. Algo tenía que cambiar.

En 1984 yo era el responsable de llevar a los oradores invitados que llegaban a nuestra iglesia. Un día le conté mis luchas a una de estas visitas, un hombre de Dios al que respetaba profundamente. Él era conocido por su ministerio de liberación. Si alguien podía ayudarme, pensaba yo, sería él. Le conté mis luchas.

Su respuesta no fue la que yo esperaba. "¡Detenlo!", dijo él. "¡Tienes que detenerlo!".

"De acuerdo", dije yo. "Pero ¿va a orar por mí?".

Él oró, pero no ocurrió nada. Yo pensé: *Quizá tengo que encontrar a alguien que tenga un don más fuerte para que me ayude a ser libre.* Pero no se me ocurría nadie que tuviera un ministerio de liberación más fuerte que el suyo. Me sentía atascado en mi pecado.

Unos nueve meses más tarde, un amigo nuestro me permitió quedarme en su condominio durante cuatro días. Me quedé en su propiedad a solas con el único propósito de confrontar mi adicción. "Dios, hasta aquí", dije finalmente, "¡Esto se tiene que acabar!". Ese día, el 6 de mayo de 1985, fui liberado de forma milagrosa y completa.

Tras unos meses de caminar en libertad, pregunté: "Dios, no lo entiendo. ¿Por qué no fui liberado cuando oraron por mí? Me humillé abriendo mi corazón a ese gran hombre de Dios. ¿Por qué tardó tanto tiempo la liberación?".

Inmediatamente Dios dirigió mi atención a un cambio en mi vida de oración. Durante mucho tiempo, la esencia de mi oración era: "Dios, úsame. Por favor úsame". Yo era el centro de mi vida de oración. Todas mis oraciones giraban en torno a mi bienestar y mi llamado. Mi deseo de ser libre de la lujuria no estaba impulsado por el amor a Dios o incluso por el amor por Lisa. Estaba impulsado por el temor a que mis problemas con la lujuria me impidieran entrar algún día en mi llamado. Mi egocentrismo obstruía mi intimidad con Dios, y esa falta de intimidad me impedía experimentar su poder transformador.

Después tuve un cambio de corazón, y el centro de mis oraciones pasó a ser: "Dios, quiero conocerte. No dejes que haya nada entre nosotros". Pasé de ser egoísta a enfocarme en Dios. Cuando aparté mis ojos de mí mismo y los puse en el Señor, abrí mi vida a su gracia. Él me libró y restauró mi sexualidad. Había aceptado lo que la Escritura llama la *tristeza divina*.

Tristeza Divina

Pues la clase de tristeza que Dios desea que suframos nos aleja del pecado y trae como resultado salvación. No hay que lamentarse por

esa clase de tristeza; pero la tristeza del mundo, a la cual le falta
arrepentimiento, resulta en muerte espiritual. (2 Corintios 7:10)

Durante años, experimenté tristeza por mi adicción. Como mencioné antes, no quería estar atado por la lujuria y estaba disgustado con mi conducta. Muchas personas experimentan tristeza por su pecado, pero hay una tristeza divina que lleva al arrepentimiento y la transformación, y hay una tristeza mundana que lleva a la condenación sin cambio.

La tristeza del mundo se enfoca en sí misma y está impulsada por el orgullo; está marcada por la desesperación y el odio hacia uno mismo porque solo ve las soluciones posibles dentro de las limitaciones humanas. Está ciega a la esperanza que se encuentra en el conocimiento del poder de Dios y, por lo tanto, invariablemente llevará a la muerte espiritual.

La tristeza divina, por el contrario, no tiene odio ni es egoísta. Está centrada en Dios. Aunque viene con dolor, lleva en sí misma esperanza para el futuro; porque su fuerza está en la capacidad de Dios para santificar, empoderar y redimir. La tristeza divina puede doler por un momento, pero el gozo y la vida enseguida siguen tras ella.

La tristeza del mundo y la condenación habían fortalecido la tenaza de la lujuria sobre mi vida. Pensaba que estaba siendo piadoso cuando oraba para que Dios aun así me usara, pero de hecho estaba siendo orgulloso. Mi deseo de ser libre tenía que ver con mis intereses. Tenía poco que ver con cómo estaba yo hiriendo el corazón de Dios.

Muchas personas desean la libertad solamente porque no quieren que sus pecados edifiquen almacenes de lamento, frustren éxitos futuros o tengan como resultado el juicio. Esta temerosa disposición hacia la autoprotección nunca producirá el poder para cambiar.

No podemos llegar a ser como Dios si no conocemos ni compartimos su corazón. La intimidad con Él es siempre una precursora de la transformación. Obtenemos y mantenemos la libertad del pecado habitando en relación con Él. Al acercarnos a Dios en humildad, Él se revelará y nos empoderará para ser santos:

> *«Dios se opone a los orgullosos, pero da gracia a los humildes». Así que humíllense delante de Dios (…) Acérquense a Dios, y Dios se acercará a ustedes (…) Que haya llanto en lugar de risa y tristeza en lugar de alegría. Humíllense delante del Señor, y él los levantará con honor.* (Santiago 4:6-10)

Dios nos exalta librándonos de los deseos y las trampas de nuestra naturaleza pecaminosa. Él nos liberó para que fuésemos libres, pero no podemos descubrir la libertad hasta que no hayamos conocido al Libertador. Si deseas ser libre, persigue el corazón de Dios. Esta cercanía producirá una profunda y divina tristeza siempre que no estés andando en sus caminos, lo cual a su vez te acercará más en tu relación con Él y te empoderará para caminar en libertad.

Recuerda: eres un hijo de Dios, y la condenación no tiene lugar en tu vida. Si flaqueas en tu camino hacia experimentar la libertad, no te des el lujo de quedarte en tu propia ineptitud. No temas las consecuencias de tu error, sino más bien habita en la grandeza de Dios y en el poder redentor de su gracia.

> *Por lo tanto, ya no hay condenación para los que pertenecen a Cristo Jesús; y porque ustedes pertenecen a él, el poder del Espíritu que da vida los ha libertado del poder del pecado, que lleva a la muerte.* (Romanos 8:1-2)

Pornografía e intimidad

Aunque yo (John) pensaba ingenuamente que mi adicción a la pornografía desaparecería al casarme, fue justamente lo contrario. Muchas parejas han descubierto lo que yo descubrí: usar la pornografía afecta negativamente a los hombres y las mujeres casados, no solo a los solteros. Sus efectos en el matrimonio son siempre dañinos, oponiéndose a la capacidad de la pareja de disfrutar de una verdadera intimidad.

Asombrosamente, hemos oído informes de consejeros cristianos que enseñan a parejas cristianas a ver pornografía juntos como un estimulante sexual. Este es un grave error. No lo hagas. Con el tiempo descubrirás que has despertado a un dragón dormido que consumirá tu intimidad con el fuego de la lujuria. Y *"los ojos del hombre jamás se dan por satisfechos"* (Proverbios 27:20 NVI). La pornografía es una amenaza seria para el matrimonio antes y después de la ceremonia de bodas. Y ya sea que estemos con nuestro cónyuge o a solas, nunca deberíamos mirar la vergüenza de otros.

Aunque la pornografía ofrece una estimulación y satisfacción temporales porque apela a los deseos de nuestra carne, también carcomerá nuestra capacidad para tener intimidad con nuestro cónyuge y con Dios. Finalmente, nos deja insatisfechos con nuestra pareja y con nosotros mismos. La pornografía quizá estimule la experiencia sexual, pero no tratará los asuntos subyacentes de una relación. Lo que parece ser un rápido arreglo solo añade una pesada carga sobre un fundamento ya de por sí inestable. Aunque podría parecer que la pornografía enciende una chispa de vida, de hecho, enciende un detonador mortal que finalmente provocará una explosión de confusión, desconfianza e inseguridad.

Dios quiso que el placer sexual fuera algo que uno recibe exclusivamente al entregarse a aquel a quien uno le ha entregado su vida. Esto produce intimidad más allá del lecho matrimonial y mejora toda la relación matrimonial. Ser indulgente con la pornografía, sin embargo, es perseguir el placer dentro de los confines del yo. No requiere intimidad, sino solo una urgencia y un objeto de atracción. El placer de la pornografía es solo una sombra pasajera de la euforia que se experimenta a través de la intimidad diseñada por Dios.

Cuando una pareja introduce la pornografía en su unión, profana el lecho conyugal al incluir a otros en su intimidad. Este nunca fue el plan de Dios. La experiencia sexual debería ser un recordatorio del pacto que une dos vidas, y el pacto marital no tiene espacio para una tercera parte. Lo que es sagrado entre dos personas se contamina cuando hay muchas. Dios quiere que honremos el lecho conyugal, y el pacto que representa, porque Él desea que sea un lugar de maravilloso deleite y satisfacción duradera.

Día 4

Guardar Nuestro Corazón

Hasta hace poco, las páginas pornográficas eran los destinos en línea más populares. (Acaban de ser superadas por las páginas de redes sociales). Más de una de cada diez páginas web son pornográficas en naturaleza. Más de 40 millones de estadounidenses visitan regularmente estas páginas, y cada segundo 28.258 usuarios del Internet están viendo pornografía.[6] Nunca antes el apetito sexual había sido tan erróneamente desarrollado y satisfecho.

Con el predominio de la engañosa estimulación sexual, gran parte de las relaciones sexuales han sido reemplazadas por la lujuria. El cibersexo está destruyendo la intimidad y arruinando matrimonios. Incluso hombres jóvenes ahora luchan con la disfunción eréctil porque su impulso sexual ha sido torcido por la adicción a la pornografía en el Internet. Las mujeres reales ya no les satisfacen; sus frecuentes experiencias virtuales son demasiado diferentes a los encuentros reales, en carne y hueso.

Este no es un asunto exclusivamente masculino, y el contenido pornográfico prolifera más allá de la red. Alrededor de una de cada cinco mujeres ven pornografía en línea semanalmente.[7] Tanto hombres como mujeres alimentan sus adicciones sin conexión con cosas como revistas o libros eróticos, donde lo segundo es especialmente popular entre mujeres.

La pornografía y todas las demás formas de pecado sexual ofrecen un placer diluido fuera del diseño original de Dios. Pero la conducta sexual ilícita, incluso si solo es en la mente o ante una pantalla, tiene unas consecuencias mucho más profundas que la perversión de la gratificación. Jesús dijo: *"Pero yo digo que el que mira con pasión sexual a una mujer ya ha cometido adulterio con ella en el corazón"*. (Mateo 5:28)

Esta forma de infidelidad inherente al ver pornografía es una amenaza para el matrimonio, porque cualquier perversión de la intención de Dios para la sexualidad asalta la condición de nuestro corazón. *"Sobre todas las* cosas cuida tu corazón", dice Proverbios, "porque este determina el rumbo de tu vida" (4:23). El pecado sexual contamina nuestro corazón y puede, por consiguiente, destruir nuestra vida y nuestro matrimonio. En una triste confirmación de esta verdad, los informes dicen que en el cincuenta y seis por ciento de los casos de divorcio, una parte tenía "un interés obsesivo por las páginas web pornográficas".[8]

Todo pecado es finalmente un ataque sobre nuestra vitalidad. Como somos cristianos, el enemigo ha perdido la batalla por nuestro espíritu, así que está haciendo guerra sobre nuestra alma. Él quiere que nos enredemos en las consecuencias del pecado porque no quiere que experimentemos la vida en su plenitud (ver Juan 10:10).

Cristo nos liberó del pecado, pero no experimentamos esta libertad cuando permitimos que el pecado controle nuestra vida. Por esta razón Pablo escribió:

> No permitan que el pecado controle la manera en que viven; no caigan ante los deseos pecaminosos. No dejen que ninguna parte de su cuerpo se convierta en un instrumento del mal para servir al pecado. En cambio, entréguense completamente a Dios, porque antes estaban muertos, pero ahora tienen una vida nueva. *Así que usen todo su cuerpo* como un instrumento para hacer lo que es correcto para la gloria de Dios. (Romanos 6:12-13, énfasis añadido)

El *todo su cuerpo* incluye nuestra sexualidad. Glorificamos a Dios cuando nos entregamos a Él por completo y permitimos que su Espíritu guíe nuestras decisiones sexuales. Él nos liberará de lo que nos ata y nos roba la vida que Él quiere darnos. Él nos guiará a expresiones sexuales que traigan libertad, intimidad y deleite.

No estamos diciendo que es fácil vencer la tiranía del pecado sexual habitual. "*Esfuércense*", escribió Pablo, "*por demostrar los resultados de su salvación obedeciendo a Dios con profunda reverencia y temor*" (Filipenses 2:12). Crucificar la carne es un proceso doloroso, incluso aunque la santificación es una obra de la gracia de Dios. A veces el viaje hacia la santidad y la plenitud requiere una firme resistencia a la tentación y el orgullo. Pero si permitimos que el Espíritu haga su obra santificadora en nosotros, entraremos en un gozo espiritual que excede con mucho el dolor del esfuerzo.

Una Visión Para la Pureza

Pues los celo, con el celo de Dios mismo. Los prometí como una novia pura a su único esposo: Cristo. Pero temo que, de alguna manera, su pura y completa devoción a Cristo se corrompa, tal como Eva fue engañada por la astucia de la serpiente. (2 Corintios 11:2-3)

La pureza en nuestro matrimonio tiene que ver con algo más que nosotros mismos. Se trata de la visión de Cristo de una novia pura.

Actualmente, la lujuria prolifera en la iglesia. Informes recientes muestran que el cincuenta por ciento de los hombres cristianos y el veinte por ciento de las mujeres cristianas son adictos a la pornografía.[9] Para combatir este problema, muchos hombres y mujeres han acudido a métodos de dar cuentas y modificación de conductas para reducir sus adicciones sexuales. Esta es una señal valiosa de un deseo de cambio, y estos métodos ciertamente tienen su lugar, pero tan solo el dar cuentas y la disciplina no son lo suficientemente fuertes para vencer la naturaleza pecaminosa. Si alguien quiere participar de la inmoralidad sexual, ninguna forma de freno natural se lo impedirá. Aunque su conducta externa se controle temporalmente, su vida interior estará gobernada por la lujuria y la condenación.

Nuestros patrones de conducta ciertamente cambiarán cuando nuestra mente sea renovada. *"No imiten las conductas ni las costumbres de este mundo"*, imploraba Pablo, *"más bien dejen que Dios los transforme en personas nuevas al cambiarles la manera de pensar"* (Romanos 12:2). Como hijos de Dios, somos libres del poder del pecado (ver Romanos 6:19-23). Para disfrutar de esta libertad, sin embargo, debemos primero permitir que Dios santifique nuestra conducta al renovar nuestra mente.

Nuestra mente es renovada cuando pasamos tiempo en la Palabra de Dios y en su presencia. No hay otra manera. La Palabra de Dios implantada en nuestro corazón y establecida por su Espíritu nos da libertad del pecado (ver Salmos 119:11 y Santiago 1:21). Muchos cristianos lamentan su vergüenza sexual pero no llevan esa vergüenza a la presencia de Dios, que es quien nos conduce a la libertad.

Muchas instituciones religiosas han intentado emplear tácticas de miedo y mecanismos de control para rectificar la inmoralidad. Estos esfuerzos no han funcionado, y han llevado al aumento de la hipocresía y el pecado. La vergüenza lleva el pecado a la sombra, donde allí crece.

Las leyes religiosas y las reglas de hombres no pueden librarnos del pecado. De hecho, las leyes y reglas crean un campo de cultivo para la iniquidad (ver Romanos 7 y 2 Corintios 3:6). Dios no quiere que nos apasionemos con las reglas; quiere que nos apasionemos con Él. Somos perfeccionados al experimentar el amor de nuestro Padre y somos restaurados mediante una relación con Él. Las Escrituras dicen:

> *Y ustedes saben que Jesús vino para quitar nuestros pecados, y en él no hay pecado. Todo el que siga viviendo en él no pecará; pero todo el que sigue pecando **no lo conoce ni entiende quién es él**.* (1 Juan 3:5-6, énfasis añadido)

La palabra griega *ginosko*, traducida aquí como *entiende*, significa "conocer a una persona mediante la experiencia personal directa, implicando una continuidad de relación".[10] La libertad de la naturaleza pecaminosa se encuentra en la relación personal con Dios, no en el conocimiento de segunda mano de Él.

El apóstol Juan, mediante la inspiración del Espíritu Santo, declaró que un cristiano que participa en un pecado habitual no está experimentando una relación íntima y personal con Cristo. La solución, por lo tanto, para las luchas y los pecados que amenazan la intimidad en el matrimonio es crecer en intimidad con el Señor.

Si el pecado está controlando tu vida, corre a Dios. Solo en el conocimiento experimental del amor y la gracia de Cristo serás libre del pecado. Cuando acudes a Dios en humildad, Él renueva tu mente y elimina los velos que obstruyen el conocimiento de tu libertad en Cristo.

> *En cambio, cuando alguien se vuelve al Señor, el velo es quitado. Pues el Señor es el Espíritu, y donde está el Espíritu del Señor, allí hay libertad. Así que, todos nosotros, a quienes nos ha sido quitado el velo, podemos ver y reflejar la gloria del Señor. El Señor, quien es el Espíritu, nos hace más y más parecidos a él a medida que somos transformados a su gloriosa imagen.* (2 Corintios 3:16-18)

Dios no quiere que luches con el pecado sexual, ni con ningún pecado. Él quiere que camines en plenitud y santidad. Cuando tu amor por Dios crece, un amor que es una respuesta al descubrimiento de su amor por ti, tu vida se llenará de una perspectiva renovada y un deseo de honrarle. Al someterte a su voluntad y a sus caminos, descubrirás el poder para vivir como Jesús. Así como Pablo oraba por los creyentes en Filipo, así nosotros oramos por ti:

> *(...) que el amor de ustedes desborde cada vez más y que sigan creciendo en conocimiento y entendimiento. Quiero que entiendan lo que realmente importa, a fin de que lleven una vida pura e intachable hasta el día que Cristo vuelva. Que estén siempre llenos del fruto de la salvación —es decir, el carácter justo que Jesucristo produce en su vida—porque esto traerá mucha gloria y alabanza a Dios.* (Filipenses 1:9-11)

Cuando abordamos el sexo con una pasión por agradar a Cristo, podemos aprender a disfrutar de la intimidad con nuestro cónyuge en cada época de la vida.

Día 5

Tiempos de sexo

Todo tiene su tiempo, y todo lo que se quiere debajo del cielo tiene su hora… (Eclesiastés 3:1 RVR1960)

En muchas áreas de la vida, el tiempo no solo es importante, sino que lo es todo. Si todo en la vida es estacional y el tiempo está atado a cada propósito, entonces nuestra expresión sexual no es una excepción. Cada año es una colección de cuatro estaciones, y creemos que cada matrimonio también lo es. Así que examinemos el sexo a la luz de este concepto.

Primavera: La primera década

Para propósitos ilustrativos, asemejaremos cada estación del sexo con una década del matrimonio. Por causa de este ejemplo, escojamos a una pareja que se casa en torno a la edad media actual de veintiocho años. Después designemos los primeros diez años de matrimonio (edades 28-38) como la estación de la inocencia y los nuevos comienzos que conocemos como primavera. Para citar a Alexander Pope, es cuando "la esperanza surge eterna". En primavera, tu vida está embarazada de posibilidades.

La primera década es una estación de expectativa y descubrimiento cuando entras en la vida con una nueva perspectiva sexual. Lo que estaba dormido en tu tiempo de apasionada espera ahora despierta en la primavera de tu matrimonio. Ambos están descubriendo aún quiénes son como individuos y lo que es tener una vida juntos. Cada aspecto de su vida sexual juntos es fresco y nuevo.

Si están planeando formar una familia, es muy probable que esta sea la estación en la que experimenten los gozos y desafíos del embarazo. Su vida sexual se verá y se sentirá distinta con hijos en su vida. Ya no son solo amantes; también son padre y madre. Quizá sus hijos les interrumpan su descanso o incluso duerman en su dormitorio.

Esta puede ser la estación de los retos emocionantes. A mí (Lisa) me encantaba ser una madre joven. Me encantaba alimentar a mis hijos, y amamanté a mis cuatro hijos durante uno o dos años. Lo cual me lleva a este punto: en mi celo por alimentarlos, descubrí que era mucho más fácil descuidar a John. Las madres jóvenes nunca deberían ser forzadas a escoger entre sus hijos y su esposo, pero tengan cuidado de que el bebé que tienen en sus brazos no desplace a su esposo.

Me sentía tan realizada entre alimentar y acurrucar a mis adorables hijos que no estaba dejando espacio para mi esposo. Me olvidé que, aunque él amaba a nuestros hijos, no estaba teniendo la misma conexión íntima con ellos como yo la estaba teniendo. Él me necesitaba a mí, pero las necesidades de los niños nacidos de nuestro amor eran mucho más obvias que las suyas. Como contraste, algunos esposos atienden a sus hijas, y mientras las inundan de halagos, se olvidan de incluir a sus esposas.

Nutran a sus hijos y al mismo tiempo nutran su intimidad el uno con el otro. Inviertan el uno en el otro. Acuesten a los niños pronto para que puedan tener un tiempo juntos. Compartan la carga para que puedan compartir algo más que dormir en su cama. Habla abiertamente con tu cónyuge sobre tus necesidades y preocupaciones. A veces decir tan solo: "Extraño nuestro tiempo íntimo juntos. ¿Cómo podemos hacer que suceda?" hará mucho para desmantelar cualquier frustración.

Sé intencional en tu primera década para descubrir las necesidades íntimas del otro. No permitas que ningún patrón sexual se desarrolle y que alguno de ustedes pueda lamentar más tarde. Hablen entre ustedes. En esta primera década o estación de matrimonio es importante ver su intimidad como un jardín que plantan en primavera para poder disfrutar de su fruto en verano y otoño.

Verano: La segunda década

> *El verano es siempre mejor de lo que podría ser.*
> —Charles Bowden

Si la primavera personifica la esperanza, el verano es la visión viva y respirando. La vida es muy plena en esta estación. Las carreras profesionales están bastante definidas en este punto, y probablemente sepan si van a ser padres. Cualquier niño que ya llegó estará creciendo para llegar a lo mejor que pueda, y según crecen los hijos, los padres también se van dando cuenta de quiénes son ellos.

¡No te pierdas ningún momento dorado del verano! Tendrás que buscar el tiempo para tener intimidad en medio del ajetreado amanecer de la escuela, actividades extraescolares y trabajos. Si en tu primavera se plantó bien, disfrutarás la estación de esta década incluso más que la pasada. Si tu jardín no se cuidó bien en tu primera década, no es demasiado tarde para plantar.

El verano es una estación donde todo puede crecer rápidamente, incluyendo las malas hierbas. Haz el trabajo de mantener tu espacio limpio de la exuberante vegetación que puede llegar con la familiaridad. Continúa regando lo que está saludable en tu intimidad y crecerá incluso más rápido porque ya tienes una década de confianza abonando el terreno.

El verano significa días largos, risas, *picnics* y tormentas vespertinas. Nosotros descubrimos en nuestra década de verano que el sexo era mejor por la tarde. Siempre estábamos demasiado cansados por la noche, y durante el día cuando los niños estaban fuera o en la escuela era mejor que dejarlo al azar por la noche.

Otoño: La tercera década

Después está la década que llamamos otoño. Hasta ahora, esta es nuestra estación favorita de todas. Nos encanta la combinación de rápidos días soleados y noches frescas. Estamos mucho más relajados con nuestros cuerpos relajados.

> *El otoño es una segunda primavera, donde cada hoja es una flor.*
> —Albert Camus

¡Nos encanta! En vez de intentar recapturar tu juventud, celebra tu otoño. Descubrimos que, en esta estación, la intimidad de nuevo tiene más espacio en nuestra vida. Con cincuenta y tantos años, nuestros días han tomado un ritmo distinto. Ya no estamos haciendo deberes con nuestros hijos ni asistiendo a la escuela ni a los eventos deportivos. Tenemos más tiempo el uno para el otro.

Ahora estamos incluso escribiendo las cosas que queremos hacer en esta década otoñal para que el invierno no nos tome por sorpresa. Una de esas cosas es cuidar de nuestra salud sexual al cuidar de nuestros cuerpos con una dieta saludable y ejercicio y aire fresco regular. De manera intencional, paseamos más juntos. Esto era lo que nos gustaba hacer cuando empezamos a salir.

Demasiadas parejas se desconectan en el otoño de la vida. Cuando sus hijos se van, los cónyuges descubren que están viviendo con un extraño. En esta década todos tenemos que tomar una decisión. Podemos lamentar la pérdida de lo que era o decidir emocionarnos por lo que vendrá. Te animamos a ver esta etapa como una oportunidad para rehacer tu matrimonio. Pueden volver a ser recién casados de nuevo, salvo que esta vez ambos serán más mayores y más sabios.

Invierno: Los años que restan

En las profundidades del invierno finalmente aprendí que en mi
interior habitaba un verano invencible.
—Albert Camus

No vamos a mentir, envejecer parece difícil y extremadamente injusto. Los padres de John lo han hecho bien. Aunque han sufrido algunos desafíos de salud, su compromiso a caminar, hacer ejercicio y comer con amigos regularmente les ha mantenido vivaces, y los dos bombones aún duermen juntos en una cama doble, por propia decisión. Se envejece mejor juntos, y el sexo es magníficamente bello cuando se expresa en un tiempo estacional.

El autor de nuestro versículo sobre las estaciones en Eclesiastés siguió diciendo: *"Todo lo hizo hermoso en su tiempo"* (Eclesiastés 3:11 RVR 1960). Lo correcto en la estación correcta es hermoso. Queremos envejecer bien juntos y bailar al ritmo de nuestra estación.

Un último ejemplo para meditar. Los bañadores *Speedo* son geniales para las Olimpiadas, pero yo (Lisa) miro hacia otro lado cuando veo a hombres mayores que se los ponen. Lo que antes servía para impulsarte por el agua con velocidad no es necesario en la estación de nadar de forma relajada y flotar. El punto es que nunca dejes de nadar. No tienes que dejar de amar el agua solo porque ya no tienes buen aspecto en bikini. Nadar y el sexo son cosas divertidas en cada estación; es tan solo que son distintos con el paso del tiempo.

Yo comencé en la primavera de nuestro matrimonio poniéndome un bikini, después pasé a nuestra estación de verano siendo mamá con un bañador de una sola pieza. En nuestra actual estación de otoño, me encantan los bañadores de pantalón corto y un top. Quién sabe, si según se acerca la estación llamada invierno, me pondré un traje de baño con falda de una sola pieza. Pero no dejaré de nadar.

Quizá no nademos tan a menudo como lo hacíamos en nuestra estación de primavera, ni nademos estando pendientes de la presencia de nuestros hijos como hacíamos en nuestra estación de verano. Pero nadaremos en el otoño y el invierno de nuestra vida. De muchas formas, el sexo es nuestro eterno verano.

Sugerencias Prácticas

No importa en qué estación de la vida te encuentres ahora, habla. Si eres soltero, comparte tus deseos y anhelos con Dios. Habla con un amigo que comparta tu búsqueda de virtud y puedan animarse el uno al otro. Si estás casado, hablen entre ustedes. Compartan sus preocupaciones.

La verdad es que todos podemos ser mejores amantes, pero solo si somos enseñados. Los hombres pueden ser metódicos. Ellos piensan: *Si este enfoque ha funcionado las últimas diez veces, ¿por qué cambiar algo que es bueno?* Mujeres, díganselo a sus esposos si quieren un cambio. Digan cosas como: "Me encanta cuando me das besos en el cuello". No dejen que su esposo lo adivine. Compartan sus deseos con ellos abiertamente.

Abrácense durante el día cuando no puedan tener sexo para que se sientan cómodos abrazándose cuando sí puedan. Acurrúquense. Caminen cuando tengan que hablar sobre sexo para que ninguno sienta que está cometiendo un error en el mismo momento. No crean lo que dicen las revistas; tienen el derecho de personalizar su vida sexual tanto como cualquier otra parte de su matrimonio.

Si necesitan ayuda, consíganla. No dejen un área tan sagrada de su matrimonio al azar. Existen muchos recursos que pueden consultar, y tu iglesia puede ayudarte con otros más.

Como esta no es nuestra especialidad, sino solo un área de experiencia limitada, nuestras ideas sirven principalmente para parejas en las que ambos quieren intimidad en vez de una simple gratificación. Entendemos que hay veces en las que un cónyuge pierde totalmente el interés por el otro. Sabemos que este tipo de rechazo íntimo es muy doloroso. No acudas a otra persona; acude a Dios. Derrama tu corazón ante Dios y cree que Él sanará tu unión. Demandar el sexo del otro nunca funciona.

También sabemos que hay épocas de retos en las que un cónyuge está enfermo, desanimado o tiene una condición médica que obstaculiza o impide que tengan intimidad. Habla con tu doctor para ver qué se puede hacer.

Nuestra oración por ti es que descubras una pasión para toda la vida y crees tú propio legado sexual, establecido en el diseño santo de Dios y libre de las heridas o fracasos del pasado. ¡Que "siempre estén borrachos" en el amor del otro!

Devocional Día 1

UNA CELEBRACIÓN DE INTIMIDAD

¡Disfruta de la esposa con quien te casaste de joven! Adorable como un ángel, hermosa como una rosa; nunca dejes de deleitarte en su cuerpo. ¡Nunca des por supuesto su amor!
(Proverbios 5:19-20 MSG)

Dios creó el sexo *antes* de la caída del hombre. Dentro del matrimonio, es muy bueno; de hecho, ¡es extraordinario! No hay vínculo de amor e intimidad más fuerte entre un hombre y una mujer.

¿Qué actitud sobre el sexo aportas a tu matrimonio? ¿Lo consideras con la imagen pura y positiva que Dios quiso? ¿Por qué o por qué no?

Independientemente de lo que te haya enseñado tu pasado sobre el sexo, tu Padre celestial quiere que sepas que Él aprueba plenamente y bendice tu intimidad sexual con tu cónyuge. Toma unos momentos para meditar en estas instrucciones con respecto al sexo en la Palabra de Dios:

Que tu esposa sea una fuente de bendición para ti. Alégrate con la esposa de tu juventud. Es una cierva amorosa, una gacela llena de gracia. Que sus pechos te satisfagan siempre. Que siempre seas cautivado por su amor. (Proverbios 5:18-19)

El esposo debe satisfacer las necesidades sexuales de su esposa, y la esposa debe satisfacer las necesidades sexuales de su marido. (1 Corintios 7:3)

Honren el matrimonio, y los casados manténganse fieles el uno al otro. (Hebreos 13:4)

Sé sincero. ¿Cómo consideras que encaja el sexo en el cuadro de tu matrimonio? ¿Ha sido algo que has tolerado, o algo que has celebrado? ¿Cómo te ayudan estos versículos a ver el sexo bajo una luz más positiva?

Dios nos da un cuadro detallado de una intimidad sexual sana en el Cantar de los Cantares. Explora la emoción de esta relación, en especial como está registrada en los capítulos 4 y 7, y pide al Señor que ajuste tu visión y tus expectativas del sexo para que estén en consonancia con las de Él.

El principio más importante con respecto a la intimidad sexual es la *honra.* ¿Está deshonrando tu lecho matrimonial alguna de tus conductas actuales?

En la versión *Amplified Bible* en inglés, Hebreos 13:4 define *honor* no solo como mantener limpio el lecho matrimonial, sino también como considerar el matrimonio digno, precioso, de gran valor, y especialmente querido. ¿Qué pasos prácticos puedes dar no solo para proteger sino también para celebrar la intimidad en tu matrimonio?

Devocional Día 2

SANIDAD PARA LOS QUEBRANTADOS

Él sana a los de corazón quebrantado y les venda las heridas.
(Salmos 147:3)

La mayoría de nosotros tenemos heridas y dolor debido a malas decisiones que hemos tomado en el pasado, incluidas decisiones de pecado sexual; pero nuestro Padre celestial, en su increíble misericordia y su intenso deseo de tener una relación con nosotros, abrió un camino para sanar y restaurar nuestras vidas por medio de su Hijo Jesús. Pablo resume la historia del amor de Dios en su carta a Tito:

> *En otro tiempo nosotros también éramos necios y desobedientes. Fuimos engañados y nos convertimos en esclavos de toda clase de pasiones y placeres. Nuestra vida estaba llena de maldad y envidia, y nos odiábamos unos a otros. Sin embargo, cuando Dios nuestro Salvador dio a conocer su bondad y amor, él nos salvó, no por las acciones justas que nosotros habíamos hecho, sino por su misericordia. Nos lavó, quitando nuestros pecados, y nos dio un nuevo nacimiento y vida nueva por medio del Espíritu Santo. Él derramó su Espíritu sobre nosotros en abundancia por medio de Jesucristo nuestro Salvador. Por su gracia él nos declaró justos y nos dio la seguridad de que vamos a heredar la vida eterna. (Tito 3:3-7)*

¿Hay experiencias en tu pasado, o en el pasado de tu cónyuge, que les hagan sentir a alguno de los dos como si no se merecieran el uno al otro, o no merecieran disfrutar del sexo? Toma unos momentos para estar quieto, orar, y pensar en ello. Si el Espíritu Santo trae algo a tu mente, anótalo y ríndelo a Él en oración.

Habla con tu pareja y compartan lo que hay en sus corazones sobre este asunto. Oren e inviten al Espíritu Santo a sanar sus corazones y restaurar lo que se ha perdido.

Dios solo puede santificar lo que le ofrecemos. Sé sincero. ¿Le estás reteniendo a Él alguna área de tu sexualidad? ¿Hay alguna parte de tu vida sexual que has dejado *vetada*? Si es así, ¿cuál es? Ora y pide al Espíritu Santo que te muestre por qué la estás reteniendo. Escribe lo que Él te revele.

Esto significa que todo el que pertenece a Cristo se ha convertido en una persona nueva. La vida antigua ha pasado; ¡una nueva vida ha comenzado!
(2 Corintios 5:17)

Nuestros corazones son sanados y *restaurados* cuando le entregamos al Señor todo nuestro corazón. Eso es lo que has hecho al orar y entregar tu pasado a Dios. Ahora, medita con atención en los siguientes pasajes: Deuteronomio 6:5; Salmos 119:2; Proverbios 3:5-8; Jeremías 29:11-14; Marcos 12:29-30. ¿Qué te está diciendo el Espíritu Santo sobre tu matrimonio y tu sexualidad mediante estos versículos?

Devocional Día 3

LIBERTAD EN LA COMUNIÓN ÍNTIMA

Así pues, todo el que permanece unido a él, no sigue pecando.
(1 Juan 3:6 DHH)

La intimidad con Cristo, descubierta mediante la comunión con su Espíritu, es el fundamento para la libertad de todo pecado. Intimidad es *comunión cercana*. Es la que buscaban el rey David, el apóstol Pablo, y María.[11] Comunión íntima es lo que significa estar *en Cristo*, un término que se usa casi 100 veces en el Nuevo Testamento. Jesús describió la intimidad como permanecer en Él. ¿Cómo obtenemos y mantenemos una relación íntima con Cristo? Dándole a Él regularmente nuestro tiempo y atención.

> El lugar secreto debe tener la más alta prioridad en nuestros calendarios y horarios porque es el lugar donde se facilita la incubación de intimidad... Las mayores dimensiones de poder del reino serán tocadas por quienes estén verdaderamente impulsados y vigorizados por su *relación de amor personal* con el Señor Jesús. —Bob Sorge[12]

Sin ninguna duda, la libertad del pecado se encuentra en la comunión íntima con Jesús. Por lo tanto, ¿cómo describirías tu relación con Él? ¿Cuán frecuentemente le das a Él tu tiempo y atención completos? ¿Qué te motiva a buscar su presencia? ¿Qué dirige la mayoría de tus oraciones: ¿tu deseo de otras cosas, o tu deseo de conocer a Dios?

Si la intimidad con Jesús no tiene la máxima prioridad, no te sientas condenado. Tan solo sé sincero con Él y pídele su gracia. Ora: "*Señor, te amo y quiero conocerte, pero en este momento mi relación contigo no es lo que sé que tú quieres que sea. Necesito tu ayuda. Abre mis ojos para ver el valor incomparable de conocerte. Muéstrame mi propio corazón. ¿Qué está evitando que te ponga a ti primero? ¿Qué puedo hacer para avivar la llama del amor por ti? Te pido tu visión y tu gracia, en el nombre de Jesús".* Está quieto y escucha lo que su Espíritu te muestre. Anótalo y pídele la gracia para hacer lo que Él te diga.

Las cosas que evitan que ponga a Dios primero son:

Mi parte en cultivar una relación íntima con Él es:

TEN UN ENCUENTRO CON DIOS

Una de las mejores maneras de conectar íntimamente con Jesús, tener un encuentro con su corazón, y experimentar nuevos niveles de libertad, es apartándote para tener un tiempo enfocado de oración y comunión con Él. Podrías ir a un retiro con tu iglesia, o podrías planear un viaje solo para ti y tu cónyuge. Unos días a solas con Dios, desconectado de las distracciones que demandan tu atención en el día a día, puede transformar para siempre tu vida y tu matrimonio.

Encuentra un tiempo en que puedas alejarte y estar con Dios. Inclúyelo en tu calendario y haz de ello una prioridad. No lleves planes ni distracciones, tan solo una Biblia, diario y pluma. ¡Prepárate para recibir abundantemente de la bondad de su corazón!

> **Descubre las maravillas del lugar secreto.** Lee más en: 1 Crónicas 16:27: Salmos 16:11; 27:4-6; 31:19-20; 91:1-16; Isaías 40:31; Juan 15:4-8; Hebreos 4:16

Devocional Día 4

CULTIVA LOS DESEOS CORRECTOS

Por eso les digo: dejen que el Espíritu Santo los guíe en la vida.
Entonces no se dejarán llevar por los impulsos
de la naturaleza pecaminosa.
(Gálatas 5:16)

La pureza de tu matrimonio se trata en última instancia de la pureza que Cristo desea en su Novia. Los deseos sexuales no son malos; son creación de Dios, ¡y Él los celebra! Pero cuando malas acciones o influencias contaminan nuestras uniones, hacen guerra contra la intimidad y pervierten lo que Dios ha llamado bueno. La clave para cultivar los deseos correctos es *hacer morir de hambre tu naturaleza humana* y *alimentar tu espíritu.*

> Aunque no cabe ninguna duda de que la Biblia tiene una perspectiva favorable y positiva del sexo (leamos el Cantar de los Cantares, por ejemplo), los escritores bíblicos son también muy conscientes de la trampa del pecado sexual y de nuestra tendencia a malograr el regalo que Dios nos ha dado... Por eso precisamente la institución del matrimonio es tan crucial cuando buscamos navegar por las aguas del deseo sexual. Es el único contexto en el cual la sexualidad se vuelve espiritualmente significativa y útil. —Gary Thomas[13]

Lo que recibes por medio de tus ojos y oídos, finalmente lo llevas a tu mente y corazón. Tus ojos y oídos son las entradas a tu alma y espíritu. Todo lo que ves y oyes alimenta la naturaleza humana o el espíritu.

Detente y piensa. ¿De qué maneras estás alimentando tu *naturaleza humana*? ¿Estás viendo o escuchando películas, programas de televisión o música que alimentan el fuego de los deseos impuros? ¿Estás "alimentándote" de libros, revistas o sitios web que están contaminando tu mente y tu corazón? ¿Y qué de amistades u otras influencias? ¿Está alguna de ellas alentando las actitudes o acciones equivocadas?

Pide al Espíritu Santo que te revele cualquier influencia poco sana. ¿De qué o quién te está indicando que te alejes?

La transformación de la conducta llega cuando renovamos nuestra mente con la Palabra de Dios. Medita en estos pasajes.

> *Pues la palabra de Dios es viva y poderosa. Es más cortante que cualquier espada de dos filos; penetra entre el alma y el espíritu, entre la articulación y la médula del hueso. Deja al descubierto nuestros pensamientos y deseos más íntimos.* (Hebreos 4:12)

> *Así que quiten de su vida todo lo malo y lo sucio, y acepten con humildad la palabra que Dios les ha sembrado en el corazón, porque tiene el poder para salvar su alma.* (Santiago 1:21)

> *¿No quema mi palabra como el fuego? —dice el Señor—. ¿No es como un martillo poderoso que hace pedazos una roca?".* (Jeremías 23:29)

CONSIDERA TAMBIÉN: Josué 1:8; Salmos 1:1-3; 119:103; Jeremías 15:16; Romanos 12:1-2; Colosenses 3:1-5; 1 Pedro 2:2.

¿De qué maneras concretas estás alimentando tu *espíritu* con la verdad de la Palabra de Dios sobre el sexo, la intimidad y la santidad? ¿Cómo puedes aumentar tu consumo de verdad? Ora y pide al Espíritu Santo que te muestre maneras prácticas y creativas de alimentar tu espíritu y cultivar los deseos correctos.

Si se lo pides, el Espíritu Santo te mostrará cómo cultivar una pasión por la santidad y profundizar la intimidad de tu unión.

Devocional Día 5

COMUNICACIÓN E INTIMIDAD

Hablaremos la verdad con amor y así creceremos en todo sentido
hasta parecernos más y más a Cristo, quien es la cabeza.
(Efesios 4:15)

La clave para un sexo increíble en cada etapa del matrimonio es la **comunicación**. En muchos matrimonios, la intimidad es "destruida por falta de conocimiento" (ver Oseas 4:6). Si las expectativas y preferencias de ambos cónyuges no se comunican regularmente, se desarrollarán problemas. Cuando tu pareja y tú se digan la verdad el uno al otro sobre sus deseos sexuales, crecerán hacia la grandeza del matrimonio que Dios quiso. Los autores y oradores **Bob** y **Audrey Meisner** explican:

> Ser los mejores amigos y ser transparentes el uno con el otro son beneficios tremendos para su disfrute sexual... La conversación transparente sobre las expectativas mutuas que tienen al igual que de sus luchas y retos aporta calidez y aceptación a su relación sexual. Haz que sea una prioridad entender a tu cónyuge, que es diferente a ti en impulso sexual, nivel de energía y expresión. Y sé paciente; les tomará toda una vida conocerse el uno al otro en cada detalle íntimo.[14]

Completa estas frases:

"Entiendo que nuestro mejor momento para hacer el amor en este periodo es _____."

"Mi pareja se siente segura y es más capaz de participar cuando _____ _____."

"Creo que nuestro mayor obstáculo para hacer el amor regularmente en este periodo de nuestro matrimonio es _____
_____."

Lo más importante que quiero compartir con mi cónyuge sobre nuestra intimidad sexual en este momento es _____
_____."

Lo que más *disfruto* con mi pareja sexualmente:

Lo que *no me gusta* hacer sexualmente con mi pareja:

¿Has hablado alguna vez abiertamente y sinceramente con tu pareja sobre lo que te gusta y no te gusta? Ya que él o ella no puede leer tu mente, te alentamos a que planees un momento y lugar donde los dos puedan compartir sus respuestas mutuamente en un ambiente seguro. Recuerda: habla la verdad con amor y ora por la gracia de Dios para entender y apreciar las necesidades y los deseos de tu cónyuge.

Esposo, ¿estás dando más tiempo y atención a tu trabajo o a tus hijos que a tu esposa? ¿Qué puedes hacer para servir mejor a las necesidades sexuales de ella? Humíllate delante de tu esposa y pregúntale lo que piensa, y después oren juntos al respecto.

Esposa, ¿han tomado prioridad tu familia o tu trabajo sobre alimentar tu intimidad sexual con tu esposo? ¿Cómo puedes servir mejor a las necesidades sexuales de él? Humíllate delante de él y pregúntale lo que piensa, y después oren juntos al respecto.

PREGUNTAS DE DISCUSIÓN

Si estás usando este libro como parte de la Serie Messenger sobre
La Historia del Matrimonio, por favor, consulta la sesión 5 del video.

1. Según Génesis, Dios formó al hombre del polvo de la tierra y después formó a la mujer y la trajo hasta el hombre. Lee con atención Génesis 2:21-25. ¿Qué destaca para ti en este relato de la reacción inicial del hombre al ver y estar con su esposa? ¿Cómo fueron distintas las cosas después de que desobedecieron a Dios (ver Génesis 3:6-8)?

2. ¿Crees que la misericordia de Dios, su perdón y su gracia son accesibles y pueden tratar cualquier pecado? Si es así, ¿por qué crees que es tan difícil para muchas personas recibir libertad con respecto a sus pecados sexuales? Si estuvieras hablando con una persona que estuviera batallando con este dilema, ¿cómo le alentarías a soltar los pecados de su pasado y recibir el perdón y la gracia de Dios?

3. En tus propias palabras, ¿qué significa honrar tu lecho matrimonial? ¿Cómo es en términos prácticos? ¿Cómo es deshonrado el lecho matrimonial?

4. La Escritura habla sobre dos tipos concretos de tristeza que experimentamos: tristeza del mundo y tristeza divina. Hablen de las diferencias entre las dos; ¿cuáles son las características y los resultados finales de cada una de ellas?

    TRISTEZA DEL MUNDO   TRISTEZA DIVINA

5. La intimidad con Dios es el precursor de experimentar libertad de todo pecado, incluido el pecado sexual. Detente y piensa. ¿Qué sucedería si pudiéramos experimentar libertad y liberación duraderas del pecado por nuestra *propia* capacidad? ¿Cómo cambiaría nuestras relaciones con Dios y con los demás?

    Considera: ¿Hay algún valor en nuestra propia capacidad carnal? Busca Romanos 7:18; Juan 15:5; Filipenses 3:3 y 1 Corintios 10:12.

6. Además de nuestra comunión íntima con Dios, ¿cuáles son algunos pasos prácticos que podemos dar para guardar nuestros ojos y oídos, al igual que nuestra mente y corazón, de las perversiones e imágenes, normas y conductas impuras que la sociedad respalda? Ofrece sugerencias de lo que podemos hacer en privado y también en entornos públicos.

    Considera estos pasajes:

    "Me negaré a mirar cualquier cosa vil o vulgar".
    (Salmos 101:3 NTV)

"Hice un pacto con mis ojos, de no mirar con codicia sexual a ninguna joven". (Job 31:1 NTV)

7. Una de las claves para permanecer sexualmente puro es permanecer sexualmente satisfecho dentro de la seguridad de tu matrimonio. Lee con atención la sincera instrucción que Dios nos da mediante la pluma del apóstol Pablo en 1 Corintios 7:2-5. ¿Qué te está revelando el Espíritu Santo en cada uno de esos versículos? ¿Cómo cambia este pasaje tu perspectiva sobre el sexo en general y concretamente sobre servir a tu cónyuge?

Líderes: Hagan que miembros del grupo lean el mismo pasaje de la Escritura en otra versión.

RESUMEN DEL CAPÍTULO:

- Dios quiere que tu cónyuge y tú desarrollen una vida sexual estupenda, que comienza con aceptar su llamado al honor y la pureza en el dormitorio.

- No permitas que la vergüenza del pecado o el abuso evite que disfrutes de toda la amplitud de la intimidad matrimonial y el gozo sexual. Dios desea sanar todo lugar herido y restaurarlo.

- Una relación sexual se produce cuando ambos cónyuges son apasionados con respecto a agradarse mutuamente. La intimidad sexual te conecta con tu cónyuge físicamente, emocionalmente, mentalmente y espiritualmente, culminando en placer y satisfacción piadosos.

- Mientras que el egocentrismo obstruye nuestra intimidad con Dios y evita que experimentemos su poder transformador, centrarnos en Él y la intimidad con Él activan su poder en nuestras vidas.

- Nuestra mente es renovada y nuestro corazón es purificado cuando pasamos tiempo en la Palabra y la presencia de Dios. La Palabra de Dios implantada en nuestro corazón, y establecida por su Espíritu, da libertad del pecado sexual.

- Cada periodo del matrimonio es diferente, lo cual significa que experimentarás periodos distintivos en tu vida sexual. Cada periodo tiene sus propias alegrías y retos. Hablen abiertamente y regularmente de sexo en cada periodo, e inviertan en su intimidad el uno con el otro.

—— SEIS ——

Un Nuevo Comienzo

Solo es posible vivir felices para siempre si se hace día a día.
—Margaret Bonanno

Día 1

Cuando nuestros hijos eran pequeños, yo (Lisa) les leía una historia popular sobre un hombre pobre que tuvo un sueño muy gráfico de encontrar un tesoro escondido en la base de un manzano. La ubicación exacta del árbol no estaba clara, pero el sueño llenó de esperanza el corazón del hombre.

Este hombre poseía un huerto de árboles frutales inmenso y antiguo que había disminuido su productividad, lo cual le condujo a un estado de pobreza. Antes del sueño había pensado en vender el huerto, pero después del sueño comenzó a trabajar con intención y vigor. Entendió que encontrar el árbol correcto bien podría requerir incontables horas de trabajo duro, pero pese a ello emprendió la tarea de cavar sistemáticamente alrededor de cada uno de sus árboles. Cada árbol que no revelaba el tesoro solo servía para reforzar la posibilidad de encontrar el tesoro en los restantes; pero cuando hubo cavado la última zanja alrededor del último árbol y aún no había encontrado el tesoro con el que soñaba, se desplomó por agotamiento y desilusión.

Cuando llegó la siguiente primavera fue cuando el hombre descubrió su tesoro. Caminó por el huerto de árboles frutales y respiró profundamente el aire cargado del aroma de brotes de manzana. Todos sus árboles viejos estaban revestidos de flores; cada brote fragante tenía en su interior la promesa de dar manzanas en el otoño.

El hombre pobre descubrió su tesoro ocupándose de lo que siempre estuvo bajo su cuidado. Cuando cavó alrededor de cada árbol, sin saberlo aireó las raíces y movió la tierra, y ese proceso llevó a los árboles a una nueva temporada de productividad. Lo que antes era estéril había vuelto a producir vida. Ese año y durante muchos años sucesivos, ¡él y su familia disfrutaron de una cosecha que sobrepasó sus más osados sueños!

Cuando comenzamos nuestro viaje por este libro, comparamos el matrimonio con un árbol. Cuando la tierra que rodea a un árbol está compacta, sus raíces se quedan limitadas y sin espacio y no pueden extenderse para recibir el agua y los nutrientes que necesita el árbol para desarrollarse. Los cinco primeros capítulos de este libro estaban pensados para ayudarte a hacer el trabajo de revitalizar la tierra. Al quitar los efectos debilitantes y limitadores de la ofensa, el temor y el egoísmo, has aireado tus raíces. Debido a que te atreviste a soñar y decidiste establecer valores, roles y metas, deberías ver la promesa de esperanza en tus ramas y tesoro en tu futuro.

Cada matrimonio tiene en su interior la promesa de una cosecha que aún no se ha producido. Nosotros hacemos nuestra parte guardando nuestros corazones y nuestros hogares, y Dios hace su parte enviando una bendición a nuestra unión. El retoño con sus tiernas ramas, el árbol maduro con sus ramas fuertes, y sí, incluso la diminuta semilla que aún no ha germinado: todos ellos tienen el poder del potencial. Nuestro Dios toma lo estéril y hace que sea abundante. Él hace nuevo lo viejo, y da vida a lo que está muerto.

Hacer Nuevas Todas las Cosas

El amor no borra el pasado, pero hace que el futuro sea diferente.
—Gary Chapman[1]

Dirijamos nuestra atención una última vez al huerto donde comenzó todo esto.

> *Así que Dios creó a los seres humanos a su propia imagen. A imagen de Dios los creó; hombre y mujer los creó. Luego Dios los bendijo con las siguientes palabras: «Sean fructíferos y multiplíquense. Llenen la tierra y gobiernen sobre ella. Reinen sobre los peces del mar, las aves del cielo y todos los animales que corren por el suelo».* (Génesis 1:27-28)

Ese ha sido siempre el propósito de Dios para nosotros. Nuestro pasado, nuestros temores, y las presiones y distorsiones de nuestro ambiente llegan para envenenar o diluir la intención original del Creador. Quizá te has sentido demasiado alejado de la tarea del Edén para creer que te pertenece legítimamente. Cobra ánimo. Cada vida y cada matrimonio puede renacer y aceptar una nueva génesis.

> Y el que estaba sentado en el trono dijo: «¡Miren, hago nuevas todas las cosas!» (Apocalipsis 21:5)

Dios no solo renueva el pasado; Él hace nuevas todas las cosas. Él tomó los árboles del Edén, esos indicadores de nuestra caída, y los reinventó. Estiró a su Hijo sobre un madero de muerte para poder darnos la bienvenida a su ciudad eterna, hogar del árbol de vida cuyas hojas son para la sanidad de las naciones. Nada de lo que fue perdido quedó por encima del poder de Él para redimir, y esto incluye nuestros matrimonios. Él renueva todas las cosas para que nosotros podamos tener un nuevo comienzo.

Tu pasado se ha ido; está cimentado en los anales del tiempo y más allá del alcance de los esfuerzos humanos; pero hay Alguien que existe fuera del tiempo, y Él no está atado por sus limitaciones. Él es "el Alto y Majestuoso", que "vive en la eternidad" (Isaías 57:15). Dios redimirá las faltas de tu pasado a medida que Él escribe la historia de tu futuro. En el reino de Dios, el dolor del ayer no evita el potencial del mañana; cada día son nuevas sus misericordias, y sus promesas te esperan. Él ama y anhela hacer que las cosas imposibles sean posibles para ti.

Y a Aquel que es poderoso para hacer todas las cosas mucho más abundantemente de lo que pedimos o entendemos, según el poder que actúa en nosotros (...) (Efesios 3:20 RVR 1960)

La productividad, la efectividad y la satisfacción que Dios puede producir, para ti individualmente y para tu matrimonio, están por encima de cualquier cosa que puedas comprender. Piensa en los sueños, metas y deseos que has bosquejado para tu matrimonio en los últimos días o semanas. Dios no quiere meramente cumplir esa visión; quiere sobrepasarla abundantemente. Él quiere profundizar tu intimidad y ampliar tu influencia para que tu unión establezca su reino celestial en la tierra. Él quiere obrar en ti y por medio de ti de maneras radicales y sin precedente. Quizá no te atreviste a soñar cuando leíste los capítulos anteriores. ¡Atrévete a hacerlo ahora!

Un principio fundamental de la vida con Dios es que, aunque Él no necesita nuestra ayuda para realizar nada, acepta nuestra colaboración. Él no requiere nuestra ayuda, pero quiere nuestra participación. Llegamos a participar en el logro de cosas imposibles. Esto es lo que te pedimos que hagas otra vez en tu matrimonio: apunta a lo que incluso en este momento podría parecer imposible.

Una historia en particular nos da perspectiva sobre cómo puede lograrse lo imposible. Se produce en un momento bastante improbable en la historia humana, un momento en que la humanidad se rebeló contra el mandato de Dios de llenar la tierra. En lugar de extenderse, nuestros ancestros se agruparon e intentaron construir, apuntando a un lugar en la esfera celestial al igual que habían hecho Adán y Eva en el Edén. Puede que ya sepas cómo intervino Dios en la Torre de Babel.

Pero el Señor descendió para ver la ciudad y la torre que estaban construyendo, y dijo: «¡Miren! La gente está unida, y todos hablan el mismo idioma. Después de esto, ¡nada de lo que se propongan hacer les será imposible! Vamos a bajar a confundirlos con diferentes idiomas; así no podrán entenderse unos a otros». De esa manera, el Señor los dispersó por todo el mundo, y ellos dejaron de construir la ciudad. (Génesis 11:5-8 énfasis añadido)

Esta empresa no fue autorizada por Dios, pero si Él no hubiera interrumpido su trabajo, se habría logrado debido a dos factores: *un idioma común* y *un pueblo unido*.[2] Si estos dos elementos habrían permitido lo aparentemente imposible para los desobedientes, ¿cuánto más podrían capacitar a quienes son una carne en Cristo?

Tener un idioma y propósito comunes será esencial para ti al comenzar de nuevo, aceptando lo "mucho más abundantemente" que Dios tiene para tu unión. Examinemos ambas dinámicas, comenzando con el idioma.

Día 2

El Idioma del Cielo

Lo que uno dice brota de lo que hay en el corazón. (Lucas 6:45)

A lo largo de este libro hemos destacado en repetidas ocasiones la importancia de dejar obrar a Dios primero en tu propio corazón. El cambio llega cuando nos rendimos a su Espíritu y nos sometemos a su Palabra. Como hemos afirmado, la modificación de la conducta no es ningún sustituto de la transformación interior; pero al comenzar a ser transformados interiormente, nuestro mundo externo será rehecho. La primera evidencia de la obra que Dios hace en tu corazón se encontrará en las palabras de tu boca.

En cada situación que afrontamos, tenemos una opción: ¿hablaremos el idioma del cielo o el idioma de la tierra? La tierra expresa la realidad aparente; el cielo habla según una Fuente superior de verdad.

Mis pensamientos no se parecen en nada a sus pensamientos —dice el Señor—. Y mis caminos están muy por encima de lo que pudieran imaginarse. Pues, así como los cielos están más altos que la tierra, así mis caminos están más altos que sus caminos y mis pensamientos, más altos que sus pensamientos. La lluvia y la nieve descienden de los cielos y quedan en el suelo para regar la tierra. Hacen crecer el

*grano, y producen semillas para el agricultor y pan para el ham-
briento. Lo mismo sucede con mi palabra. La envío y siempre produce fruto; logrará todo lo que yo quiero, y prosperará en todos los
lugares donde yo la envíe.* (Isaías 55:8-11)

Para hablar el idioma de Dios, debemos conocer su Palabra; ella transformará nuestra visión, haciéndonos ver lo invisible y declarar lo que
puede ser. Transformará nuestras declaraciones en el dialecto de la fe,
que es mucho más que positividad u optimismo emocional; se trata de
una creencia firme en lo que ha sido prometido.

A continuación, tenemos algunos ejemplos de cómo difieren los idiomas
del cielo y de la tierra:

+   Nuestra tierra dice: "Divorcio". El cielo dice: "Unión"

+   Nuestra tierra dice: "No hay esperanza". El cielo dice: "Todo es
    posible".

+   Nuestra tierra dice: "Rechazo". El cielo dice: "Aceptación".

+   Nuestra tierra dice: "¡Tú me debes!". El cielo dice "Te doy
    gratuitamente".

+   Nuestra tierra dice: "Venganza". El cielo dice: "Perdón".

+   Nuestra tierra dice: "No seré tu esclavo". El cielo dice: "Seré tu siervo".

+   Nuestra tierra dice: "Desprecio tu debilidad". El cielo dice: "Veo tu
    potencial, y mi amor cubre tu debilidad".

+   Nuestra tierra dice: "No satisfaces mis necesidades". El cielo dice:
    "Quiero satisfacer las tuyas".

Estas palabras pueden ser inspiradoras por sí solas, pero son duraderas
y capacitadoras cuando están arraigadas en la verdad más profunda de la
Palabra de Dios. Te alentamos a aceptar el idioma del cielo aprendiendo
a unir versículos con cada actitud y declaración que lleves a tu matrimonio. Como pueblo de Dios, sabemos que *"nuestras dificultades actuales*

son pequeñas y no durarán mucho tiempo. Sin embargo, ¡nos producen una gloria que durará para siempre y que es de mucho más peso que las dificultades! Así que no miramos las dificultades que ahora vemos; en cambio, fijamos nuestra vista en cosas que no pueden verse. Pues las cosas que ahora podemos ver pronto se habrán ido". (2 Corintios 4:17-18)

La lengua tiene el poder de la vida y la muerte, y por fe podemos llamar incluso a las cosas que aún no son aparentes como si lo fueran (ver Proverbios 18:21 y Romanos 4:17). Deja que la Palabra de Dios dé forma a tu mundo.

Hablar la Verdad

Hablaremos la verdad con amor y así creceremos en todo sentido hasta parecernos más y más a Cristo. (Efesios 4:15)

Hablar el idioma del cielo siempre significa hablar la verdad; pero no toda manera de hablar la verdad es correcta. Hablar el idioma de Dios significa que hablamos la verdad *con amor.*

Muchas parejas yerran al adoptar uno de dos enfoques radicales. Algunos cónyuges utilizan la Palabra de Dios para atacar o menospreciar a sus parejas; hablan la verdad, pero la dicen por frustración, enojo, venganza u ofensa. Otros no quieren causar dolor o crear conflicto, de modo que suprimen la verdad que necesita ser declarada y operan con un amor superficial y falso. Con el tiempo, eso fomenta inevitablemente profundos sentimientos de desengaño y ofensa, los cuales conducen finalmente a un arrebato de algún tipo. Ninguno de esos enfoques logra lo que Dios quiere: que seamos cada vez más semejantes a Cristo.

Como esposo o esposa, eres consciente de las debilidades de tu cónyuge de una manera en que nadie más lo es. Fácilmente podrías aprovecharte de tu conocimiento único para herir, avergonzar o condenar a tu pareja, pero hemos aceptado un llamamiento más alto, ¿no es cierto? Nos hemos comprometido a ser los mayores siervos de nuestro cónyuge, a buscar sus mejores intereses. Nuestras palabras de verdad pueden ayudar a nuestra pareja a crecer más hacia la semejanza de Cristo; pero nunca hablaremos palabras de valor eterno si utilizamos nuestra lengua como un arma que hace daño.

Si queremos que nuestro matrimonio sea saludable, tendremos que tratar la conducta destructiva o incorrecta, pero hay un momento adecuado y un lugar adecuado para hacerlo. ¿Has observado alguna vez que señalar los errores de tu cónyuge en medio de una discusión nunca conduce al cambio positivo? En cambio, por lo general incita una conducta peor y más daño en la relación. Cuando sientas que hay que hablar de algo, espera hasta que tú y tu cónyuge se hayan calmado. Si el asunto es serio, podría ser una buena idea planear una cita de modo que puedas expresarte en un escenario más íntimo. Esto fomenta un ambiente en el cual tu cónyuge será más propenso a escucharte.

Yo (Lisa) recuerdo claramente que Dios me indicó una vez: "Lisa, si quieres ser escuchada, dilo del modo en que te gustaría oírlo". A eso podríamos añadir fácilmente: "Dilo *cuando* querrías oírlo". Estar en medio de un conflicto no es por lo general el momento correcto para ofrecer una crítica constructiva; es mejor compartir la corrección cuando tu cónyuge esté tranquilo y receptivo. Cuando estás agotado, es momento de darle descanso. Perdonen, dense un abrazo, y decidan comenzar la discusión de nuevo en la mañana.

Es imperativo que expresemos las verdades sensibles bañadas en amor. A nadie le gusta que le hablen de sus fracasos o fallos, pero quienes son enseñables se benefician de que les hagan ser conscientes de las áreas en las que tienen oportunidad de crecer.

Antes de dar consejos, comprueba cuáles son tus motivos. Hazte estas preguntas: *¿Estoy compartiendo esto desde un lugar de amor, o busco mi propio beneficio o protección? ¿Estoy verdaderamente interesado en el bienestar de mi pareja, o busco venganza por el modo en que he sido herido?* Si estás ofreciendo recomendaciones con respecto a la conducta en medio de una discusión, es posible que esas sugerencias estén arraigadas en el egoísmo; después de todo, estás respondiendo al modo en que tu cónyuge te está haciendo sentir *a ti*.

Es muy difícil hablar la verdad con amor cuando estás emocionalmente comprometido; sin embargo, si debes sujetarte la lengua, sucederá una de dos cosas: te darás cuenta de que estabas equivocado y estarás agradecido por no haber dicho nada, o podrás expresar con calma y precisión algo que tu cónyuge necesita escuchar.

Hemos aprendido que siempre es mejor pasar por alto ofensas pequeñas entregándolas a Dios; pero entendemos que algunas heridas son difíciles de olvidar. En el caso de la conducta destructiva habitual, en realidad no es saludable que te sujetes la lengua; pero la necesidad de confrontar no es una licencia para hacer daño. Puedes hablar la verdad con amor:

- Examinando tus motivos a la luz de la Palabra de Dios.

- Resolviendo el conflicto al atacar el problema, y no a tu cónyuge.

- Controlando tu lengua al no hablar destructivamente.

- Teniendo misericordia.

- Siendo sincero.

- Respondiendo con calma.

- Ofreciendo esperanza constantemente.

- Hablando del modo en que te gustaría que te hablaran a ti.

- Escogiendo sabiamente las palabras, el momento y el lugar para la confrontación.[3]

Salomón dijo: *"Como el hierro se afila con hierro, así un amigo se afila con su amigo".* (Proverbios 27:17) Hay espacio para la fricción piadosa e incluso para el desacuerdo en nuestras relaciones. Si se manejan correctamente, esos momentos de fricción forjarán piedad en nuestras vidas.

Es importante abordar problemas que podrían poner en un compromiso la unidad de tu matrimonio. Las pequeñas heridas pueden convertirse en heridas profundas si no se tratan adecuadamente, y muchas veces nuestro cónyuge no es consciente del dolor que nos está causando. Hablar de preocupaciones por amor a Dios y por el otro nos ayuda a crecer en unidad y a llegar a ser mejores cónyuges.

Día 3

Los Lenguajes del Amor

Hasta aquí, hemos hablado del lenguaje en un sentido más o menos tradicional, enfocándonos en las palabras que decimos y cómo las decimos. Ahora queremos ajustar un poco nuestro enfoque y hablar de un aspecto diferente de un *idioma común*. En el capítulo cuatro compartimos que nuestros matrimonios serán más fuertes si entendemos que nuestro cónyuge puede que no nos sirva de la misma manera en que servimos nosotros. De modo similar, las personas dan y reciben amor de diferentes maneras. Un libro excelente para ayudarte a interpretar los varios dialectos del amor, y uno que ha beneficiado mucho nuestra relación es *Los Cinco Lenguajes del Amor: Cómo expresar un compromiso sincero a tu pareja*, de Gary Chapman.

Para ayudarte a entender por qué esto es tan importante, vamos a utilizar nuestro matrimonio como ejemplo. Mis maneras principales (Lisa) de mostrar amor son mediante el tiempo de calidad y los actos de servicio. Esto significaba que, al principio en nuestro matrimonio, yo estaba ocupada haciendo cosas (lavar ropa, poner losetas, cocinando, limpiando, cuidando de los niños, pintando y ocupándome del jardín) para mostrar a John mi abundante amor por él. También intenté mantener conversaciones profundas y significativas como maneras de pasar tiempo de calidad con John mientras hacía las cosas que para mí significaban *amor*.

Yo (John) no estaba en la misma onda que Lisa. Yo muestro el amor de manera diferente, mediante el toque físico y las palabras de afirmación. Lisa preparaba comidas estupendas, quitaba alfombras y ponía losetas, pero yo no estaba escuchando: "Te amo". Y mientras yo hablaba sinceramente palabras alentadoras y le ofrecía afecto físico, ella tampoco estaba escuchando "Te amo". Era como si los dos estuviéramos hablando un idioma extranjero.

Para que un matrimonio sea sano, ambas partes deberían sentirse felices y bien amadas, y todos se merecen ser amados de una manera que puedan escuchar. A la luz de esto, no hay nada malo en hacerse saber mutuamente cómo escuchas el amor comunicado. Los alentamos a ti y a tu cónyuge a que aprendan sobre cómo muestran amor leyendo el libro del Dr. Chapman o haciendo la evaluación gratuita en www.5lovelanguages.com. Hablen de sus resultados. Hablar los lenguajes el uno del otro, ¿cómo se vería en la relación única que tienen? Esta conversación se mantiene mejor de una manera amable y no acusadora. Di cosas como: "Me siento amado cuando tú...", y después desarróllalo.[4]

El uso intencional de palabras o acciones que estén adaptadas al conocimiento que tienes del modo de mostrar afecto de tu cónyuge ampliará el vocabulario de amor en tu unión, y eso fortalecerá el fundamento que establezcas al usar el idioma del cielo y hablar la verdad con amor. Tomados juntos, estos factores forman un idioma común dentro de tu unión.

A continuación, veremos cómo puedes edificar el segundo aspecto que permite lo imposible: la unidad.

En una Misión

Una de las cosas que Jesús subrayaba con frecuencia durante su ministerio era la importancia de estar en unidad. Tomemos, por ejemplo, una historia que está registrada en el Evangelio de Juan. La noche que fue traicionado, Jesús oró que viviéramos en unidad:

> *No te pido solo por estos discípulos, sino también por todos los que creerán en mí por el mensaje de ellos. Te pido que todos sean uno, así como tú y yo somos uno, es decir, como tú estás en mí, Padre, y yo estoy en ti. Y que ellos estén en nosotros, para que el mundo crea que tú me enviaste. Les he dado la gloria que tú me diste, para que sean uno, como nosotros somos uno. Yo estoy en ellos, y tú estás en*

mí. Que gocen de una unidad tan perfecta que el mundo sepa que tú me enviaste y que los amas tanto como me amas a mí". (Juan 17:20-23, énfasis añadido)

La unidad muestra la gloria de Dios; atestigua del poder de la obra de reconciliación de su Hijo. Mientras muchos han buscado demostrar el evangelio mediante el razonamiento o la discusión enérgica, la primera y mejor evidencia del amor de Dios por el mundo es la manera en que su amor es mostrado entre su pueblo.

La unidad no solo habla a quienes están fuera del reino de Dios; también nos beneficia a nosotros. Es en el lugar de unidad donde Dios envía bendición (ver Salmo 133). De este modo, la unidad es una amenaza doble para el reino de las tinieblas: produce favor para el pueblo de Dios y al mismo tiempo obliga a los perdidos a tomar nota del amor de Dios por ellos.

No es sorprendente, entonces, que el enemigo haga todo lo posible por crear desunión en tu matrimonio; y cualquier egoísmo o temor que albergues solamente ayudará a su causa. Debido a que mantenerse unidos requiere que luchemos contra nuestro enemigo y contra nuestra naturaleza humana, es un trabajo duro; requiere la gracia del Espíritu de Dios y una conciencia de un propósito claro que trasciende las dificultades del momento. Con esto en mente es cómo podemos leer otra vez Efesios 5:21:

"Es más, sométanse unos a otros por reverencia a Cristo".

En un capítulo anterior hablamos de los papeles que desempeñan ambos cónyuges al someterse el uno al otro como siervos sin egoísmo. Ahora queremos ampliar tu comprensión de la sumisión y cómo nos ayuda a ser uno.

Considera lo siguiente: el prefijo *su* significa "bajo o en", y *misión* es una tarea. Si los unimos, sacamos la conclusión de que *sumisión* significa "bajo o en la misma tarea o misión".[5] Ya has empleado un tiempo significativo documentando tus metas matrimoniales y trazando la estrategia de los pasos necesarios para alcanzarlas. Por lo tanto, que este llamado a la sumisión sirva como recordatorio de que cada meta que tengas para tu matrimonio encaja bajo la meta suprema de mostrar el amor y la gloria de Dios. Ambos cónyuges están sujetos a la autoridad de esta misión dada por Dios, y eso es lo que nos obliga a ser uno.

Esta perspectiva es la que capacita a ambos cónyuges para ser fuertes en su matrimonio. La sumisión no requiere que uno de los cónyuges sea fuerte y el otro sea débil. Debido a que el matrimonio sostiene una misión tan grande, y mucho mayor que ninguno de nosotros, es necesario que haya dos personas fuertes para construir una unión fuerte. Por favor, entiende que al usar la palabra *fuerte* no nos estamos refiriendo a la personalidad o al ámbito físico; estamos hablando de aportación. Como hemos afirmado antes, el matrimonio no se trata de dominación; se trata de dominio. Se trata de tomar territorio, y no de ser territorial.

Hay áreas de nuestro matrimonio, familia e influencia más amplia en las que yo (John) soy más diestro que Lisa. Ella alegremente me cede a mí esas áreas. De igual manera, hay áreas en las que Lisa es mucho más diestra que yo; en esos asuntos, yo alegremente cedo ante su perspectiva y experiencia. Estamos unidos en la misma misión, y nuestra misión demanda lo mejor que ambos tenemos para ofrecer.

John siempre ha sobresalido en el manejo de nuestras finanzas. Nunca ha tenido ninguna dificultad en creer que Dios suplirá todas nuestras necesidades y bendecirá nuestras vidas. Él ha encontrado cada casa que hemos poseído. Cuando él se ocupó de la tarea de pagar las facturas, fue como si me hubieran quitado a mí (Lisa) un gran peso de encima. Yo me había estado ocupando de eso debido a los muchos viajes de John y el calendario de la oficina, pero al ver mi frustración con esa tarea, él se ofreció a ocuparse de ella. Lo que era gravoso para mí era fácil para él. Él sobresalió en las compras de casa, auto, y otras adquisiciones importantes; también conectaba bien con nuestros hijos mediante la competencia, los juegos, y otras actividades similares.

Yo, por otro lado, me he ocupado de nuestro hogar. Siempre he querido que sea un espacio donde la familia coma junta alrededor de la mesa. Me encanta alimentar a mi familia, y quería que mis hijos invitaran también a sus amigos. También quería que nuestro hogar fuera un lugar donde John pudiera desestresarse cuando regresaba de un viaje.

Descubre en qué están mejor equipados tu cónyuge y tú para dirigir. Aprendan a cederse cosas el uno al otro en sus respectivas áreas de dones y talentos. Rendirse voluntariamente al liderazgo mutuo en áreas de fortaleza les permitirá lograr su misión común.

Día 4

Prioridades

Es mejor ser dos que uno, porque ambos pueden ayudarse mutuamente a lograr el éxito. (Eclesiastés 4:9)

Misiones y prioridades no son lo mismo, pero sí van de la mano. Estar de acuerdo en las mismas prioridades y apoyarlas es esencial para mantener la unidad.

Nuestras prioridades están dictadas por nuestra mayor meta: conocer y revelar el amor de Dios. Como esa es una misión que todo creyente comparte, todos podemos sostener las mismas prioridades, aunque las estrategias para hacerlo sean diferentes según la pareja y según el periodo de tiempo. Proponemos que veas tus prioridades de la siguiente manera:

1. *Dios.* Dios no es realmente "primero". Él está por encima de todo lo demás, y la relación con Él es esencial para el éxito y la fidelidad en todas las otras áreas de la vida. Él debería englobar todas nuestras prioridades y habitar en ellas; pero por causa de la claridad, lo designaremos a Él como primero en esta lista. Por lo tanto, se puede decir que Dios es, ante todo.

   Pero nuestra relación con Dios y el trabajo que hacemos para Él no son lo mismo. Es tentador, en especial para ministros u otras personas que sirven en la iglesia, priorizar el trabajo del ministerio por delante de nuestras familias. Por favor, no permitas que tu familia caiga presa de esta distorsión.

2. *Cónyuge.* De nuevo, hay potencial aquí para una distorsión sutil pero costosa. Tus hijos son importantes, pero no deberías ocuparte de ellos y a la vez descuidar a tu cónyuge. Tus hijos algún día madurarán y se irán de tu cuidado, pero estás en una relación de pacto con tu cónyuge para toda la vida. Asegúrate de que construyan su vida juntos de tal modo que cuando sus hijos se vayan del hogar, los dos sigan siendo los mejores amigos.

3. *Hijos.* Los detalles exactos de la implicación y el papel de cada cónyuge en la educación de sus hijos variarán de un periodo a otro, especialmente dependiendo de la prioridad siguiente: sus llamados. Si uno o ambos trabajan fuera de casa, tendrán responsabilidades en áreas adicionales de negocios o de ministerio. Si cumplir con tu llamado actualmente significa quedarte en casa con tus hijos, nuestra distinción entre esta prioridad y la siguiente no es aplicable. Pero como dijo C.S. Lewis: "El ama de casa tiene la carrera suprema".

4. *Llamado.* En verdad, tu llamado incluye todo lo que hay en esta lista, y todo en tu vida. Pero de nuevo, limitaremos el ámbito de este término para que haya claridad. Nos referimos como "llamado" a aquello a lo que Dios les ha llamado a ti y a tu cónyuge como individuos a hacer en la esfera de gobierno, negocios, cuidado médico, educación, ministerio, las artes, medios de comunicación, o en alguna otra.

En nuestro matrimonio, resulta que esta es un área que compartimos, pero muchos cónyuges no trabajan o ministran en el mismo ámbito de la sociedad que su pareja. Si ese es el caso en tu matrimonio, aun así, pueden interesarse en el trabajo del otro y darse mutuamente un apoyo vital. Como dijo Salomón, cuando dos trabajan juntos, pueden ayudarse mutuamente a tener éxito.

5. *Descanso.* El día de reposo fue ordenado por Dios, no por los hombres. Cuando descansamos, todas las otras prioridades florecen. Dios quiere que nuestras vidas incluyan descanso y recreación

regularmente, que no son lo mismo que inactividad. Descansamos dando tiempo a las cosas que nos restauran espiritualmente, físicamente y emocionalmente. Lo importante en el matrimonio es que encontremos maneras de compartir el descanso, y no solo descansar a solas. Para nosotros, eso ha significado encontrar un terreno e intereses comunes para disfrutarlos juntos, como pasar tiempo en la naturaleza hablando de nuestros sueños para nuestra familia y nuestro ministerio. Aprender a descansar y a recrearnos juntos es parte de unir dos vidas en una.

6. *Comunidad*. En demasiados matrimonios, esposos y esposas tienen vidas sociales totalmente separadas. Aunque es importante tener tiempo de chicas o de chicos para edificar amistades con personas aparte de tu cónyuge, en un matrimonio saludable las vidas sociales de los cónyuges coincidirán. Nuestros amigos desempeñan un papel significativo para alentarnos, apoyarnos y fortalecernos. Debido a que somos una sola carne, deberíamos tener muchos amigos que nos conozcan y nos quieran a ambos.

No podemos subrayar en exceso cuán crucial es tener amigos que bendigan intencionalmente tu unión. Ambos tenemos amigos que juegan papeles muy distintos en nuestras vidas. Yo (John) tengo amigos del golf con quienes solo yo comparte tiempo de ocio. También tengo amigos con los que juego al golf y con quienes puedo desahogar mi corazón y mi alma. Los hombres con quienes comparto mis retos y debilidades nos quieren a Lisa y a mí.

Como mi vida (Lisa) está tan llena y no juego al golf, en realidad solo tengo amigas de corazón que me retan a crecer más en cada área del amor. Son mujeres que entienden los retos únicos que se presentan en mi vida y mi matrimonio; algunas son mis mejores amigas durante retos que surgen en el ministerio, y otras son con quienes mejor puedo consultar cuando se trata de conflictos en las relaciones. Las valoramos a todas ellas más que al oro.

Hubo algunas personas que fueron amigas nuestras en el pasado, pero de quienes finalmente tuvimos que distanciarnos, pues favorecían a uno de nosotros por encima del otro y no fomentaban la unidad en nuestro matrimonio. Si un amigo no está al lado de los dos, no te relaciones con él o ella, pues inevitablemente creará división en tu unión.

Escoger Amar

*Dado que Dios los eligió para que sean su pueblo santo y amado por él, ustedes tienen que vestirse de tierna compasión, bondad, humildad, gentileza y paciencia. Sean comprensivos con las faltas de los demás y perdonen a todo el que los ofenda. Recuerden que el Señor los perdonó a ustedes, así que ustedes deben perdonar a otros. Sobre todo, vístanse de amor, **lo cual nos une a todos en perfecta armonía.*** (Colosenses 3:12-14, énfasis añadido)

El amor es lo que nos une en armonía; es el fundamento de la unidad, la verdadera llave para ver cosas imposibles.

En Efesios 5:28, Pablo dice que *"el marido debe amar a su esposa"*. La palabra *debe* subraya que esta es una obligación muy fuerte. El mayor principio que se comunica, uno que se aplica a esposos y esposas, es que debemos amarnos el uno al otro independientemente de cómo nos sintamos.

Nuestra cultura representa el amor como un sentimiento que no se puede controlar, sino solo se puede responder a él. Si sentimos amor, actuamos como quienes están enamorados. No es necesario mucho tiempo para descubrir que el sentimiento del amor no está siempre presente, sino que el amor es siempre una elección. Dios *escogió* amarnos. Si nosotros escogemos amar, los sentimientos finalmente seguirán a nuestros actos. Los actos de fe, como mostrar amor cuando no hay sentimientos evidentes, pueden mover montañas. Dios desea bendecir nuestros actos. Dietrich Bohnhoeffer dijo:

"No es tu amor lo que sostiene el matrimonio, sino el matrimonio es lo que sostiene tu amor".

La única manera en que tu matrimonio puede sostener tu amor es si tu satisfacción emocional y espiritual viene de la comunión con el Espíritu de Dios. Cuando nos apoyamos en la fuente equivocada, la fuente de nuestras propias fuerzas, nuestro amor fallará cuando sea probado por una ausencia de sentimiento. Pero cuando estamos arraigados en el amor de Dios, nuestros actos de amor pueden mantenernos en unidad cuando nuestros sentimientos se tambaleen. No te equivoques. El matrimonio no ha de estar carente de sentimiento; pero como lo expresó C.S. Lewis:

> La regla para todos nosotros es perfectamente sencilla. No pierdas el tiempo preocupándote por si "amas" a tu prójimo; actúa como si lo hicieras. En cuanto hacemos eso, descubrimos uno de los grandes secretos. Cuando te comportas como si amaras a alguien, llegarás a amarlo de verdad.[6]

Puedes seguir mostrando amor a tu cónyuge incluso cuando no experimentes los sentimientos del amor. Puedes escoger servir, celebrar y apoyar. Cuando tu vida se alinea con el amor, tus emociones finalmente afirmarán lo que muestran tus actos.

Día 5

Sacar lo Mejor

El amor de Cristo sana y limpia a la iglesia. Sus palabras evocan su belleza. Todo lo que Él hace y dice está pensado para sacar lo mejor de ella. (Efesios 5:26-27 MSG)

"La mujer sabia", dijo Salomón, "edifica su hogar". (Proverbios 14:1). Debido a que las mujeres sabias edifican su hogar, ¡los hombres sabios edifican a sus mujeres! Al edificarnos el uno al otro, mostramos a nuestra pareja semejanza a Cristo. Descubrir lo mejor de Dios para nuestros matrimonios significa sacar lo mejor el uno del otro.

Nuestro amor por nuestro cónyuge es un acto de colaboración con el cielo, un acuerdo con el afecto de Dios. Dios no define a tu cónyuge por sus debilidades, sino por su gracia y su amor. Dios habla al potencial de tu cónyuge y te invita a que hagas lo mismo.

Como hemos mencionado, cuando Lisa era pequeña perdió uno de sus ojos debido al cáncer. Debido a eso, tenía un profundo temor a estar delante de la gente. Yo (John) conocía del temor de Lisa, pero también sabía que Dios le había dotado de una sabiduría extraordinaria.

Cuando yo era pastor de jóvenes, a veces le decía a Lisa que quería que ella hablara a las muchachas del grupo de jóvenes. "¡Desde luego que no!", protestaba ella. "Yo no estoy incluida en el paquete. La iglesia te contrató a ti como pastor de jóvenes, no a mí".

Yo escuchaba sus objeciones, sabiendo que estaban arraigadas en el temor y no en un deseo de rebelarse contra el don de Dios en su vida. Ella tenía mucho miedo a hablar en público, pero siempre que lo hacía, las personas se acercaban a mí al final de la reunión para decirme cuán profundamente les había impactado su mensaje. Así que cuando ella protestaba, yo respondía: "Solo está preparada para que te llame a pasar al frente esta noche".

Yo (Lisa) pensaba que John estaba intentando convertirme en algo que yo no era. Él sabía que las muchachas del grupo de jóvenes necesitaban una voz femenina en sus vidas, pero yo me sentía profundamente descalificada. No entendía que además de buscar un ejemplo para ellas, él intentaba crear un ambiente para que mis dones se desarrollaran. Él veía algo en mí que yo misma no podía ver; y aunque a veces me quedaba despierta toda la noche suplicando a John que no me hiciera hablar, él nunca dejó de posicionarme para que Dios pudiera sacar lo mejor de mí. Yo aborrecía eso en aquel momento, pero al mirar atrás es muy evidente que él me estaba empujando amorosamente más allá de mis temores y limitaciones.

Al igual que John me ayudó, yo le presté mi fortaleza a él de diferentes maneras. En los primeros años, yo era muy activa a la hora de editar sus libros y asegurarme de que comunicaran de modo preciso lo que había en su corazón. Gran parte de lo que hemos tenido oportunidad de hacer juntos en el ministerio se produjo porque nos hicimos crecer mutuamente mediante el amor.

Quizá tu cónyuge y tú no hayan aprendido a sacar lo mejor del otro; incluso puede que hayan caído en la conducta opuesta, utilizando sus posiciones de intimidad e influencia para derribarse el uno al otro. Hoy puede ser el día de los nuevos comienzos. Puedes establecer una nueva norma.

Nunca es demasiado tarde para volver a empezar. Si quieres aprender a sacar lo mejor de tu pareja, por favor encuentra un lugar y un tiempo tranquilo y privado para orar con tu cónyuge. Expresa a Dios lo siguiente:

Padre celestial, nos arrepentimos por haber tratado mal la unión que tú has establecido entre nosotros. Nuestro matrimonio es tu obra maestra, y nosotros no lo hemos administrado con el honor que merece. Te damos gracias por tus nuevas misericordias sobre nuestras vidas que nos permiten comenzar de nuevo. Espíritu Santo, te pedimos que nos des la gracia que necesitamos para vernos el uno al otro mediante tu amor. Danos una mayor perspectiva de cómo podemos celebrarnos y servirnos mutuamente. Danos ojos para ver los dones y fortalezas que tú quieres ampliar en cada uno de nosotros, y muéstranos cómo podemos luchar por tu obra. Creemos que somos mejores juntos que separados. Queremos crecer en la plenitud de lo que tú quieres para nuestras vidas y nuestra unión, para tu gloria. En el nombre de Jesús, amén.

A continuación, hemos incluido declaraciones para que las digas directamente a tu cónyuge. Mírale a los ojos y di estas palabras:

Esposo:

Perdóname por utilizar mis fortalezas para oprimirte y retenerte. Perdóname por no hablar a tu virtud, tu belleza, tu sabiduría y tu bondad. Perdóname por no crear un ambiente en el cual puedas desarrollarte. Perdona mi egoísmo en nuestras conversaciones, nuestro tiempo juntos y nuestra cama. Creo que Dios puede sanar, restaurar y glorificar nuestra unión. Creo que tú y yo lo podemos todo en Cristo que nos fortalece. Tomaremos dominio, multiplicación, y seremos muy fructíferos juntos en el nombre de Jesús.

Esposa:

Perdóname por utilizar mis fortalezas para señalar tus debilidades. Perdóname por no honrarte y ser egoísta en nuestra comunicación. De ahora en adelante voy a usar mis palabras para edificar tu vida. Perdóname por las veces en que no fui un guardián de tu corazón. Creo en ti, y creo en nosotros. Creo que Dios puede hacer nuevas todas las cosas. Escojo amarte y perdonarte; es un nuevo día lleno de misericordia y verdad. Volvamos a amar y a soñar.

Queridos amigos, creemos que todo lo mejor está aún por delante de ustedes. Por la gracia de Dios, su legado, su intimidad y su influencia pueden sobrepasar todas sus esperanzas y expectativas. En unión el uno con el otro, y por el poder y la inspiración del Espíritu de Dios, escribirán una historia que comunique el amor de Cristo en la tierra, y deleite a Aquel que está entronado en los cielos.

La comisión de volver a comenzar es un gran voto de confianza. No es una oportunidad única en la vida; es una oportunidad perpetua mientras haya vida. *Volver a comenzar* significa que vivimos en el ahora soltando nuestro ayer mientras preparamos nuestros corazones para lo que está por delante.

Todas las cosas que hemos presentado aquí no serán nada más que buenas ideas a menos que entreguemos nuestras uniones a Aquel que todo lo puede. Judas 1:24-25 nos posiciona para una revelación de todo lo que podría ser:

Y ahora, que toda la gloria sea para Dios, quien es poderoso para evitar que caigan, y para llevarlos sin mancha y con gran alegría a su gloriosa presencia. Que toda la gloria sea para él, quien es el único Dios, nuestro Salvador por medio de Jesucristo nuestro Señor. ¡Toda la gloria, la majestad, el poder y la autoridad le pertenecen a él desde

antes de todos los tiempos, en el presente y por toda la eternidad!
Amén.

Dios es nuestro guardador; solo Él puede sacar nuestros matrimonios de cada escenario de duda. Él nos confía el gozo y la gloria del matrimonio para que nosotros podamos glorificarlo a Él. Nuestras vidas son mensajes vivos para otros que están observando que amamos y crecemos bien.

Cada primavera es un nuevo comienzo.

> Mira, el invierno se acabó y las lluvias ya pasaron. Las flores
> están brotando, ha llegado la temporada de los pájaros cantores;
> y el arrullo de las tórtolas llena el aire.
> (Cantares 2:11-12)

Devocional Día 1

ESPERA GRANDES COSAS

Sin embargo, yo confío en que veré la bondad del Señor
mientras estoy aquí, en la tierra de los vivientes.
Espera con paciencia al Señor; sé valiente y esforzado;
sí, espera al Señor con paciencia.
(Salmos 27:13-14)

Tu Padre celestial te ama a ti y a tu cónyuge intensamente. Él quiere que tu matrimonio tenga éxito; de hecho, Él *"esperará a que ustedes acudan a él para mostrarles su amor y su compasión".* (Isaías 30:18)

La pregunta es: ¿qué expectativas tienes ahora para tu matrimonio? ¿Qué posibilidades inspiradas por Dios estás poniendo en oración y creyendo?

Toma tiempo para meditar en lo que dice la Palabra de Dios sobre las expectativas.

> *Hiciste obras temibles, por encima de nuestras mayores expectativas.*
> *¡Y cómo temblaron los montes! Desde el principio del mundo, ningún*
> *oído ha escuchado, ni ojo ha visto a un Dios como tú, quien actúa a*
> *favor de los que esperan en él.* (Isaías 64:3-4, énfasis añadido)

> *La enseñanza de tu palabra da luz, de modo que hasta los simples*
> *pueden entender. Abro la boca y jadeo anhelando tus mandatos. Ven*
> *y muéstrame tu misericordia, como lo haces con todos los que aman*
> *tu nombre.* (Salmos 119:130-132)

Que toda la alabanza sea para Dios, el Padre de nuestro Señor Jesucristo. Es por su gran misericordia que hemos nacido de nuevo, porque Dios levantó a Jesucristo de los muertos. Ahora vivimos con gran expectación y tenemos una herencia que no tiene precio, una herencia que está reservada en el cielo para ustedes, pura y sin mancha, que no puede cambiar ni deteriorarse. (1 Pedro 1:3-4, énfasis añadido)

Así que el Señor esperará a que ustedes acudan a él para mostrarles su amor y su compasión.Pues el Señor es un Dios fiel. Benditos son los que esperan su ayuda. (Isaías 30:18)

Anteriormente en este libro hablamos de los peligros de las expectativas irrealistas. Basándote en lo que has aprendido de estos versículos, ¿cuáles son algunos de los beneficios de tener el tipo de expectativas correcto?

Las mayores expectativas son las formadas por el conocimiento de las promesas de Dios, su carácter y su plan.

Nada es demasiado difícil o imposible para Dios. Lee Génesis 18:13-14; Mateo 19:26; Marcos 9:23-24; Lucas 1:36-37; Efesios 3:20. ¿Qué te está mostrando el Señor sobre su inmensurable poder y capacidad?

¡Voy a hacer algo nuevo! Ya está sucediendo, ¿no se dan cuenta? (Isaías 43:19 NVI)

Servimos a un Dios que hace nuevas todas las cosas. ¿Quieres que algo en tu matrimonio sea renovado? ¿Necesitas amor nuevo, sueños nuevos, unidad nueva, o intimidad nueva? Puedes *esperar* que tu Padre haga algo nuevo cuando se lo pides. Escribe lo que quieres que sea renovado, y después ora y entrégalo a Dios.

Devocional Día 2

DECLARA VIDA

Las palabras sabias satisfacen igual que una buena comida; las palabras acertadas traen satisfacción. La lengua puede traer vida o muerte; los que hablan mucho cosecharán las consecuencias.
(Proverbios 18:20-21)

El idioma de la tierra o el idioma del cielo: ¿cuál de ellos hablas más? Mientras que el primero produce muerte, el segundo produce vida. En cada situación que afrontes, tienes la opción de hablar uno o el otro. Como comparte el **pastor Jimmy Evans:**

> La comunicación actúa como el puente que conecta las vidas de dos personas, haciendo posible el acceso libre al corazón y la mente de la otra persona. La comunicación no es tan solo importante, sino esencial, para un matrimonio... Las palabras poseen un poder increíble: poder para herir o sanar, para destruir o edificar. Debemos disciplinarnos para usar palabras que edifiquen, fortalezcan, alienten y sanen.[7]

Como hemos aprendido, hay un tiempo para todo: tiempo para hablar y tiempo para estar en silencio. Detente y piensa: ¿cuál es *peor* momento para abordar un problema con tu pareja? ¿Cuál es el *mejor* momento? ¿Por qué?

Describe brevemente la situación más desafiante que tu cónyuge y tú están afrontando en el presente. ¿Qué palabras y frases negativas y "favoritas" salen con frecuencia de tu boca cuando hablan sobre ese problema?

Haz una pausa y ora:*"Espíritu Santo, ya no quiero decir palabras negativas. Te pido que me ayudes a quitar el temor y el enojo de mi vocabulario. Dame palabras positivas de vida, el idioma del cielo, para hablar en fe sobre nuestro matrimonio. En el nombre de Jesús".*

Puedes ampliar tu vocabulario con el idioma celestial creciendo en tu conocimiento de la Palabra de Dios. Lee con atención los siguientes pasajes, y después anota una o más declaraciones positivas inspiradas por estos versículos que puedas declarar regularmente sobre tu matrimonio. Hemos completado la primera como ejemplo.

VERSÍCULOS	LO QUE DICE EL IDIOMA DEL CIELO
Proverbios 5:18-19	"Mi pareja y yo disfrutaremos el uno del otro sexualmente y seremos satisfechos todos los días de nuestra vida".
Efesios 4:15, 29	
Efesios 4:26-27	
Efesios 5:21-33	
Filipenses 2:3-5	
Salmo 133	
1 Corintios 13:4-8	

Devocional Día 3

HABLAR EL LENGUAJE DE TU CÓNYUGE

Vayan tras una vida de amor como si su vida
dependiera de ello, porque así es...
(1 Corintios 14:1 MSG)

El amor tiene muchos lenguajes. Tu cónyuge habla uno de ellos con más fluidez, y es probable que tú seas más expresivo en otro de ellos. El **Dr. Gary Chapman**, autor de *Los Cinco Lenguajes del Amor*, explica:

> Tu lenguaje emocional del amor y el lenguaje de tu cónyuge puede que sean tan diferentes como el chino y el español. Por mucho que intentes expresar el amor en español, si tu cónyuge entiende solamente el chino, nunca entenderán cómo amarse el uno al otro... Debemos estar dispuestos a aprender el lenguaje del amor principal de nuestro cónyuge, si queremos ser comunicadores eficaces de los lenguajes del amor: cinco maneras en que las personas hablan y entienden el amor emocional.[8]

Según el Dr. Chapman, los cinco lenguajes del amor son: palabras de afirmación, tiempo de calidad, regalos, actos de servicio y toque físico. Muchas personas, nosotros incluidos, descubrimos que tenemos un lenguaje del amor principal y otro secundario. Como hemos mencionado, puedes aprender más sobre tus lenguajes del amor con los materiales proporcionados por medio del libro o el sitio web del Dr. Chapman.

Puedes ver los roles que desempeñan tus lenguajes del amor en la dinámica de tu matrimonio respondiendo las siguientes preguntas: *¿Qué hace mi pareja que me hace sentir más amado? ¿Qué no hace que me hiere profundamente? ¿Qué he pedido yo más frecuentemente de mi cónyuge: ¿palabras de ánimo o apreciación, tiempo juntos, regalos especiales, afecto físico, o ayuda* *en la casa? ¿De qué modo expreso yo amor regularmente a mi pareja?* Anota tus pensamientos e impresiones.

Ahora, responde esas preguntas otra vez con respecto a tu pareja. ¿Dónde están las diferencias más notables?

¿Eras consciente de las diferencias entre las maneras en que tu cónyuge y tú comunican amor? Si es así, ¿cómo ha ayudado eso a tu matrimonio? Si no, ¿ves ahora que eso ha causado problemas o malentendidos?

Habla con tu cónyuge sobre las maneras en que ambos muestran y reciben amor. Pregunta a tu pareja: "¿Cuáles son tres cosas prácticas que puedo hacer para expresar que te amo en tu lenguaje?". Escribe su respuesta a continuación.

Toma un tiempo hoy para hablar con el Espíritu Santo sobre las mejores maneras de mostrar tu amor a tu pareja. ¡Nadie conoce mejor a tu cónyuge que Él!

Devocional Día 4

PRIORIZA TU VIDA

*Amados hermanos, les ruego por la autoridad de nuestro Señor
Jesucristo que vivan en armonía los unos con los otros... sean todos
de un mismo parecer, unidos en pensamiento y propósito.*
(1 Corintios 1:10)

¡Hay mucho poder en la unidad! Nuestra unidad el uno con el otro es el
modo que tiene Dios de revelar su amor a quienes aún no lo conocen a
Él. En ningún otro lugar tenemos el mismo nivel de oportunidad para la
unidad como en el matrimonio. Cuando leíste el capítulo dos de este libro, estableciste la visión común y las metas para tu matrimonio. Ahora,
al acercarnos al final de nuestro viaje por *La Historia del Matrimonio*, te
alentamos a que pienses en las prioridades diarias que apoyan tu misión.

La prioridad suprema en tu vida es tu relación con Dios. ¿Por qué po-
nerlo a Él primero es tan vital, y cómo es para ti honrarlo a Él en todas
las cosas? ¿Cómo afecta positivamente una relación sana con Dios a tu
matrimonio, familia, trabajo, y todo lo demás en tu vida?

Cumplir la misión que Dios ha ordenado para ti y sus metas significa
priorizar en el siguiente orden: tu cónyuge, hijos, llamado, descanso y
comunidad. Haz una pausa y ora: *"Señor, ¿están descolocadas mis prioridades? Si es así, ¿dónde? ¿Quién o qué está obteniendo demasiada atención?
¿A quién o qué estoy descuidando? ¿Qué cosas prácticas puedo hacer para*

obtener y mantener el orden adecuado? Anota las perspectivas y los pasos de acción que Él te revele.

Te has comprometido a apoyar y celebrar a tu cónyuge para el resto de tu vida. Los hijos se van de casa, las carreras profesionales cambian, y las amistades vienen y van, pero tú matrimonio es un pacto pensado para englobar todos los periodos.

Basándote en el estado actual de tu relación, ¿están tu cónyuge y tú posicionados para terminar la vida siendo los mejores amigos? ¿Están invirtiendo en apoyar los llamados y las carreras el uno del otro?

¿Qué prácticas en tu matrimonio comunican valor y fomentan la unidad? ¿Está minando la unidad alguna de sus actitudes o acciones?

Lee Eclesiastés 4:9 y Colosenses 3:12-14. Después ora con estas palabras:

Dios, tú escogiste a mi cónyuge y a mí para ser santos y amados. Por tu Espíritu, dame la gracia para mostrar a mi cónyuge misericordia, bondad, humildad, amabilidad y paciencia. Ayúdame a mejorar la vida de mi cónyuge con mis palabras y obras. Creo que estamos mejor juntos que separados porque podemos ayudarnos mutuamente a tener éxito. Danos la sabiduría para priorizar sabiamente, para que podamos conocerte mejor y servirnos bien el uno al otro. En el nombre de Jesús, amén.

Devocional Día 5

SACAR LO MEJOR

*Aprovechen al máximo cada oportunidad. Sean cordiales en sus conversaciones. La meta es **sacar lo mejor en otros** en una conversación, no derribarlos ni interrumpirlos.*
(Colosenses 4:5-6 MSG)

Como esposo y esposa, tú y tu cónyuge son uno. Eso significa que lo comparten todo. Cuanto tu cónyuge tiene éxito, tú tienes éxito; cuando tu cónyuge está satisfecho y es productivo, tú puedes estar más satisfecho y ser productivo. Al sacar lo mejor en tu pareja, sacas lo mejor en ti mismo. Así es como Jesús nos trata a nosotros: su Novia. La Escritura dice que el amor de Cristo hace santa a la iglesia. Sus palabras evocan su belleza, y todo lo que Él hace y dice está pensado para **sacar lo mejor** de ella... (ver Efesios 5:25-27).

Por lo tanto, ¿cuáles son los dones, talentos y fortalezas de tu cónyuge? Piensa en lo que es realmente bueno y en lo que le gusta y de lo cual recibe satisfacción. ¿Por qué otras cosas le han elogiado y le han dado las gracias otras personas?

Los dones, talentos y fortalezas que veo en mi cónyuge son...

Si esas fortalezas ya están beneficiando a otros en el contexto del trabajo o el servicio, ¿cómo puedes apoyar las pasiones y los compromisos de tu cónyuge para que puedan seguir aumentando? Si ves que tu cónyuge tiene un talento que aún no está en uso, ¿puedes pensar (o crear) un ambiente en el cual se desarrollaría ese don?

Pensemos en maneras de motivarnos unos a otros a realizar actos de amor y buenas acciones. (Hebreos 10:24)

Por lo tanto, siempre que tengamos la oportunidad, hagamos el bien a todos, en especial a los de la familia de la fe. (Gálatas 6:10)

Medita con atención en Hebreos 10:24; Gálatas 6:10 y Colosenses 4:5-6 (se encuentra al comienzo de la entrada de hoy). ¿De qué maneras prácticas podrías estimular y sacar lo mejor en tu cónyuge? Es decir, ¿qué puedes decir o hacer para alentarlo a usar sus dones y fortalezas? ¿Cómo puedes bendecirlo y verlo crecer?

Toma tiempo para compartir hoy todas tus respuestas con tu cónyuge. Pide su respuesta, y permítele que comparta lo que haya en su corazón. ¿En qué puntos están de acuerdo? ¿Qué cosas nuevas aprendiste sobre tu cónyuge o sobre ti mismo? Haz una pausa y ora una bendición sobre tu cónyuge.

"Estudia a tu pareja. Estúdiate a ti mismo... Puede que te sorprendas y te asombres por lo que descubres... La aventura del matrimonio es descubrir quién es realmente tu cónyuge. La emoción está en descubrir quién llegará a ser tu pareja".
—H. Norman Wright[9]

PREGUNTAS DE DISCUSIÓN

Si estás usando este libro como parte de la Serie Messenger sobre
La Historia del Matrimonio, *por favor, consulta la sesión 6 del video.*

1. La instrucción de Dios a Adán y Eva fue que se multiplicaran y llenaran toda la tierra. Tras algunas generaciones, surgió una sociedad de personas que no obedecían este mandato. Lee con atención Génesis 11:1-6. ¿De qué maneras era el pueblo *uno?* Si la unidad de personas desobedientes los posicionó para el éxito, ¿qué nos dice eso sobre nosotros, quienes somos uno en el matrimonio y en Cristo y que buscamos obedecer a Dios?

2. La unidad libera un gran poder y recompensas. Examina estos pasajes y aplícalos concretamente a tu relación de matrimonio: Salmo 133; Mateo 18:19-20; Juan 17:21, 23; 2 Corintios 13:11. ¿Qué bendiciones pueden nacer cuando vives en unidad con tu cónyuge?

3. Las últimas palabras de una persona son importantes, y en el caso de Jesús también fueron poderosamente proféticas. Lee Juan 17:9-11, 20-23. Estas palabras son lo que Él oró por nosotros justo antes de ir a la cruz. Notemos la *unidad* que compartían el Padre y Él. ¿Qué te está revelando el Espíritu Santo mediante este pasaje? ¿Cómo te motiva a buscar ser uno con tu pareja?

4. ¡Dios es el Dios de los nuevos comienzos! Él declara que está haciendo nuevas todas las cosas (ver Apocalipsis 21:5). Él quiere que experimentemos y compartamos comunión, esperanza, fe, intimidad sexual y sueños renovados con nuestra pareja a lo largo de nuestros años de matrimonio. ¿De qué maneras prácticas podemos como esposos y esposas ayudar a fomentar la novedad en nuestras relaciones?

5. Proverbios 14:1 dice que la mujer sabia edifica su casa. ¡Esto significa que un hombre sabio edificará a su mujer! Mujeres, ¿de qué maneras prácticas pueden como esposas edificar su casa? Hombres, ¿de qué maneras prácticas pueden como esposos edificar a su esposa?

6. Mientras que algunas parejas casadas trabajan juntas en los negocios o el ministerio, muchas otras no lo hacen. Esto hace que sea más importante aún que se mantengan conectados y se alienten mutuamente en sus llamados e intereses individuales. ¿Cuáles son algunas maneras prácticas en que esposos y esposas pueden apoyarse el uno al otro y mantenerse conectados?

RESUMEN DEL CAPÍTULO:

* En Cristo, ¡todo matrimonio puede ser hecho nuevo! Su Espíritu ofrece continuamente oportunidades de nuevos comienzos en cada área.

* En toda situación tenemos la opción de hablar el idioma de la tierra o el idioma del cielo. Por la fe, podemos ponernos de acuerdo con el cielo hablando según las promesas de la Palabra de Dios.

* La meta del matrimonio es la unidad. Debemos trabajar hacia la unidad en todas las áreas de la vida.

* A medida que buscamos la unidad con nuestro cónyuge, hablando el mismo lenguaje y persiguiendo la misma misión, las bendiciones de Dios llegan sobre nosotros y lo imposible se vuelve posible.

* El amor genuino entre esposo y esposa muestra la gloria de Dios y su amor al mundo. Nuestra unidad atrae a otros hacia Jesús.

* La mujer sabia edifica su casa, y el hombre sabio edifica a su mujer. Cuando cada cónyuge declara vida a las fortalezas del otro, amplían sus vidas y llevan a cabo la voluntad de Dios en la tierra.

Apéndice

Cómo Recibir la Salvación

*Si confiesas con tu boca que Jesús es el Señor y crees en
tu corazón que Dios lo levantó de entre los muertos, serás salvo.
Porque con el corazón se cree para ser justificado,
pero con la boca se confiesa para ser salvo.*
(Romanos 10:9-10 NVI)

Para poder compartir el amor de Dios con tu cónyuge, primero debes recibir su amor y salvación mediante su Hijo Jesucristo. Por medio de la muerte y resurrección de Jesús, Dios ha abierto el camino para que entres en su reino como una hija o hijo amado. El sacrificio de Jesús en la cruz hizo que la vida eterna y abundante esté disponible para ti gratuitamente. La salvación es el regalo de Dios para ti; no puedes hacer nada para ganarla o merecerla.

Para recibir este precioso regalo, en primer lugar, reconoce tu pecado de vivir independientemente de tu Creador (porque esa es la raíz de todos los pecados que has cometido). Este arrepentimiento es una parte vital para recibir la salvación. Pedro lo dejó claro el día en que 5.000 personas fueron salvas en el libro de Hechos: *"Así que, arrepentíos y convertíos, para que sean borrados vuestros pecados"*. (Hechos 3:19 RVR 1960) La Escritura declara que cada uno de nosotros nace siendo esclavo del pecado. Esta esclavitud está arraigada en el pecado de Adán, quien comenzó el patrón de la desobediencia deliberada. El arrepentimiento es la decisión de alejarte de la obediencia a ti mismo y a Satanás, el padre de mentira, y volverte en obediencia a tu nuevo Maestro, Jesucristo, Aquel que dio su vida por ti.

Debes darle a Jesús el señorío de tu vida. Hacer "Señor" a Jesús significa que le entregas la posesión de tu vida (espíritu, alma y cuerpo): todo lo que eres y tienes. Su autoridad sobre tu vida se vuelve absoluta. En el momento en que haces eso, Dios te libra de la oscuridad y te transfiere a la luz y la gloria de su reino. Tú simplemente pasas de muerte a vida, ¡te conviertes en su hijo!

Si quieres recibir la salvación por medio de Jesús, ora con estas palabras:

> *Dios del cielo, reconozco que soy un pecador y no he llegado a tu norma de justicia. Me merezco ser juzgado por la eternidad por mi pecado. Gracias por no dejarme en ese estado, porque creo que enviaste a Jesucristo, tu Hijo unigénito, que nació de la virgen María, para morir por mí y llevar mi juicio en la cruz. Creo que Él resucitó al tercer día y ahora está sentado a tu diestra como mi Señor y Salvador. Por lo tanto, en este día me arrepiento de mi independencia de ti y entrego mi vida totalmente al señorío de Jesús.*

> *Jesús, te confieso como mi Señor y Salvador. Ven a mi vida mediante tu Espíritu y transfórmame en un hijo de Dios. Renuncio a las cosas de oscuridad a las que antes me aferré, y desde este día en adelante ya no viviré para mí mismo, sino que, por tu gracia, viviré para ti, que te entregaste por mí para que pueda vivir para siempre.*

> *Gracias, Señor; mi vida está ahora completamente en tus manos, y según tu Palabra, nunca seré avergonzado.*

¡Bienvenido a la familia de Dios! Te alentamos a que compartas tu emocionante noticia con otro creyente. También es importante que te incorpores a una iglesia local que crea en la Biblia y conectes con otros que puedan alentarte en tu nueva fe. Siéntete libre para contactar con nuestro ministerio para encontrar ayuda para encontrar una iglesia en tu zona (visita MessengerInternational.org). ¡Oramos para que crezcas en el conocimiento y el amor de Dios cada día!

NOTAS

Capítulo 1

1. "Women of Working Age", United States Department of Labor, consultado en línea 14 de marzo de 2014, http://www.dol.gov/wb/stats/recentfacts. htm#age.

2. Parte del contenido en esta sección fue adaptado de: Lisa Bevere, *Fight Like a Girl: The Power of Being a Woman* (New York: Warner Faith, 2006), pp. 5-6.

3. "Ambassador", Dictionary.com, consultado en línea 19 de abril de 2014, http://dictionary .reference.com/browse/ambassador?s=t.

4. C. Soanes y A. Stevenson, *Concise Oxford English Dictionary* (Oxford: Oxford University Press, 2004).

5. "El versículo 6a deja claro que esta ordenanza de la creación sigue en vigencia incluso después de la caída de la raza humana, la entrega de la ley, y la llegada del reino con Jesús. El versículo 6b presenta el texto hecho famoso por miles de ceremonias de boda: los seres humanos no deberían hacer nada por separar la unión divinamente ordenada del santo matrimonio. Sin los vv. 4–6a, podríamos imaginar que el v. 6b da a entender que algunos matrimonios no son ordenados por Dios; en su contexto, esta perspectiva es indefendible. Por el contrario, precisamente porque Dios quiere que todos los matrimonios

sean permanentes, no nos atrevamos a hacer nada para ponerlos en peligro". Craig Blomberg, *The New American Commentary* Vol. 22: *Matthew* (Nashville: Broadman & Holman Publishers, 1992), p. 290.

6. Soanes y Stevenson, *Concise Oxford English Dictionary*.

7. Linda J. Waite, Don Browning, William J. Doherty, Maggie Gallagher, Ye Luo, y Scott M. Stanley, *Does Divorce Make People Happy?* (New York: Institute for American Values, 2002), p. 5.

8. Timothy y Kathy Keller, *The Meaning of Marriage: Facing the Complexities of Commitment with the Wisdom of God* (New York: Riverhead Books, 2011), p. 64.

9. Gary Thomas, *Sacred Marriage* (Grand Rapids, MI: Zondervan, 2000), p. 21.

10. Charles R. Swindoll, *Growing Strong in the Seasons of Life* (Portland, OR: Multnomah Press, 1983), p. 13.

11. "Marriage Quotes by Max Lucado", Fierce Marriage, consultado en línea 7 de marzo de 2014, http:// ercemarriage.com/quote-author/ max-lucado.

12. Rick Renner, *Sparkling Gems from the Greek* (Tulsa, OK: Teach All Nations, 2003), p. 55.

Capítulo 2

1. W. Arndt, F.W. Danker, y W. Bauer, *A Greek-English Lexicon of the New Testament and Other Early Christian Literature* (Chicago: Univesity of Chicago Press, 2000).

2. Ibid.

3. C.S. Lewis, *Mere Christianity* (San Francisco: HarperSanFrancisco, 2001), p. 204.

4. Ibid., p. 124.

5. Ibid., p. 109.

6. El 1,6% de quienes suben el Everest perece durante el viaje, mientras que el 40-50% de los primeros matrimonios termina en divorcio. Fuentes: (1) "Death on Mount Everest", About.com, consultado en línea 19 de abril de 2014, http://climbing.about.com/od/mountainclimbing/a/Death-On-Mount-Everest.htm. (2) *The State of Our Unions: Marriage in America* (Charlottesville, VA: The National Marriage Project and the Institute for American Values, 2012), p. 1.

7. Bob y Audrey Meisner, *Best Friends, Best Lovers* (Huntsville, AL: Milestones International Publishers, 2006), p. 52.

8. F. B. Meyer, *Abraham, Or The Obedience of Faith* (Chattanooga, TN: AMG Publishers, 2001), pp. 70-71.

9. Andrew Murray, *Humility* (Fort Washington, PA: CLC Publications, 2006), pp. 13, 42.

10. Bill y Pam Farrel, *Men Are Like Waffles—Women Are Like Spaghetti* (Eugene, OR: Harvest House Publishers, 2001), pp. 140, 142-143.

11. H. Norman Wright, *The Secrets of a Lasting Marriage* (Ventura, CA: Regal Books, 1995), p. 70.

Capítulo 3

1. "Clear", Oxford Dictionaries, consultado en línea 19 de abril de 2014, http://www .oxforddictionaries.com/us/de nition/american_english/clear.

2. Mike MacKenzie, *Seatalk, The Dictionary of English Nautical Language* (Nova Scotia: 2005), palabra clave "clear the deck." www.seatalk.info

3. Lisa Bevere, *Be Angry But Don't Blow It!* (Nashville: Thomas Nelson, 2000), p. 56.

4. G.L. Borchert, *The New American Commentary* Vol. 25B: *John 12–21* (Nashville: Broadman & Holman Publishers, 2002), p. 311.

5. Bevere, *Fight Like a Girl*, p. 60.

6. Lisa Bevere, *Out of Control and Loving It!* (Lake Mary, FL: Charisma House, 1996), pp. 106-107.

7. Esta sección fue adaptada de: Lisa Bevere, *Kissed the Girls and Made Them Cry: Why Women Lose When They Give In* (Nashville: Thomas Nelson, 2002), pp. 123-124.

8. "How common is divorce and what are the reasons?", Utah Divorce Orientation, consultado en línea 21 de enero de 2014, http://www.divorce.usu.edu/files/uploads/Lesson3.pdf.

9. "Quotes on Forgiveness and Unforgiveness", Daily Christian Quote, consultado en línea 22 de marzo de 2014, http://dailychristianquote.com/dcqforgive2.html.

10. Joyce Meyer, *Battlefield of the Mind* (New York: Faith Words, 2003), p. 192.

11. "Expectation", Oxford Dictionaries, consultado en línea 25 de marzo de 2014, http://www.oxforddictionaries.com/us/de nition/american_english/expectation.

12. Patrick M. Morley, *Two-Part Harmony* (Nashville: Thomas Nelson, 1994), p. 138.

13. Ibid., 139.

14. "Quotes on Forgiveness and Unforgiveness", consultado en línea 24 de marzo de 2014.

Capítulo 4

1. Lisa escribió sobre este tema en *Fight Like a Girl*. Algunas de sus palabras de las páginas of 121-122, 128 están adaptadas aquí.

2. Bevere, *Fight Like a Girl*, p. 124.

3. Keller, *Meaning*, p. 47.

4. Ibid.

5. Bevere, *Fight Like a Girl*, p. 109.

6. Lisa compartió esta historia en *Out of Control and Loving It!* (páginas 87-93). Algunas de sus palabras están adaptadas aquí.

7. Dr. Henry Cloud y Dr. John Townsend, *Boundaries in Marriage* (Grand Rapids, MI: Zondervan, 1999), p. 122.

8. Adaptado de Noah Webster's 1828 *American Dictionary of the English Language* (San Francisco: Foundation for American Christian Education).

9. Jimmy Evans, *Marriage on the Rock* (Dallas: Marriage Today, 2012), p. 87.

10. Cloud and Townsend, *Boundaries*, p. 163.

Capítulo 5

1. Keller, *Meaning*, p. 260.

2. "10 Surprising Health Benefits of Sex", WebMD, consultado en línea 12 de abril de 2014, http://www.webmd.com/sex-relationships/guide/sex-and-health.

3. Bevere, *Kissed the Girls*, p. 121.

4. Ibid., pp. 178-179.

5. Ibid., pp. 121-125.

6. "The Stats on Internet Pornography", Daily Infographic, consultado en línea 24 de enero de 2014, http://dailyinfographic.com/the-stats-on-internet-pornography-infographic.

7. "How Many Women are Addicted to Porn? 10 Stats that May Shock You", Covenant Eyes, consultado en línea 27 de marzo de 2014, http://www.covenanteyes.com/2013/08/30/women-addicted-to-porn-stats.

8. Covenant Eyes, *Pornography Statistics: 2013 Edition*, 11. http://www.covenanteyes.com/pornstats/

9. Ibid., p. 18.

10. J. P. Louw y E. A. Nida, *Greek-English Lexicon of the New Testament: Based on Semantic Domains* (New York: United Bible Societies, 1996).

11. Ver Salmos 27:4; Filipenses 3:10-14; Lucas 10:39-42.

12. Bob Sorge, *Secrets of the Secret Place* (Lee's Summit, MO: Oasis House, 2005), pp. 180, 182.

13. Thomas, *Sacred Marriage*, p. 205.

14. Meisner, *Best Friends*, pp. 127-128.

Capítulo 6

1. Gary Chapman, *The Heart of the Five Love Languages* (Chicago: Northfield Publishing, 2007), p. 72.

2. Lisa Bevere, *Girls with Swords: How to Carry Your Cross Like a Hero* (Colorado Springs, CO: WaterBrook Press, 2013), p. 127.

3. Bevere, *Be Angry*, p. 120.

4. Parte del contenido en esta sección fue adaptado de: Lisa Bevere, *Nurture: Give and Get What You Need to Flourish* (New York: FaithWords, 2008), pp. 166-168.

5. Lisa Bevere, *Lioness Arising: Wake Up and Change Your World* (Colorado Springs, CO: WaterBrook Press, 2010), p. 94.

6. Lewis, *Mere*, p. 131.

7. Evans, *Marriage on the Rock*, p. 213.

8.   Gary Chapman, *The Five Love Languages* (Chicago: Northfield Publishing, 1995), p. 15.

9.   Wright, *Secrets*, p. 129.